Franz Krömeke (Hg.)

Friedrich Wilh. Sertürner
Die Entdeckung des Morphiums

Krömeke, Franz: Friedrich Wilh. Sertürner. Die Entdeckung des Morphiums.
Hamburg, SEVERUS Verlag 2014.
Nachdruck der Originalausgabe, Jena 1925.

ISBN: 978-3-86347-836-0
Druck: SEVERUS Verlag, Hamburg, 2014

Bibliografische Information der Deutschen Nationalbibliothek:
Die Deutsche Nationalbibliothek verzeichnet diese Publikation in der Deutschen Nationalbibliografie; detaillierte bibliografische Daten sind im Internet über http://dnb.d-nb.de abrufbar.

© **SEVERUS Verlag**
http://www.severus-verlag.de, Hamburg 2014
Printed in Germany
Alle Rechte vorbehalten.

Der SEVERUS Verlag übernimmt keine juristische Verantwortung oder irgendeine Haftung für evtl. fehlerhafte Angaben und deren Folgen.

Der

medizinischen Fakultät

seiner Heimatsuniversität

zur Eröffnungsfeier gewidmet

vom Herausgeber.

Münster, den 15. April 1925.

Geleitwort.

Ohne Morphium möchte ich kein Arzt sein. Es ist der Freund, welcher in der Hand des kundigen Arztes Schmerzen nimmt und dort, wo es Not tut, Euthanasie schafft. Ungezählten Millionen Menschen hat es in allen Erdteilen, bei allen Völkern geholfen und hilft noch täglich. Es ist eine Pflicht der Dankbarkeit, mitzuwirken, daß der Name seines Entdeckers, des Apothekers Sertürner, wenigstens allen deutschen Ärzten und Apothekern als den engeren Fachgenossen vertraut wird. Nur wenige kennen ihn bisher. Zwar erwähnt ihn eine Anzahl deutscher Lehrbücher der Pharmakologie; in vielen fehlt er, wie fast regelmäßig in den ausländischen, welche ich einzusehen Gelegenheit hatte. Es ist der Mühe wert, daß da Wandel geschaffen wird.

Drei wissenschaftliche Verdienste sind es, welche Sertürners Namen mit ehernen Buchstaben in die Wissenschaftsgeschichte eingeschrieben haben:

die Entdeckung des Morphiums;

die dabei klar herausgearbeitete Entdeckung der ganzen chemischen Gruppe der Alkaloide;

die bestimmt ausgesprochene Ansicht, daß der Erreger der Cholera „ein giftiges, belebtes, also sich selbst fortpflanzendes belebendes Wesen sei" (1831).

Außer Lockemann und Schelenz haben aus Paderborn stammende Gelehrte, wie der Apotheker Koch, Coenen und Krömeke, in den letzten Jahren Sertürners Namen aus der Verborgenheit herausgezogen.

Die neue Medizinische Fakultät der Westfälischen Wilhelms-Universität in Münster i. Westf. will dabei auch ihrerseits mitwirken. Auf Antrag mehrerer ihrer Mitglieder haben die städtischen Behörden der Universitätsstadt eine Straße „Sertürnerstraße" genannt. Die Vaterstadt Sertürners will es bei nächster Gelegenheit tun. Professor Coenen, der Direktor der Chirurgischen Klinik, hat einen Ausschuß zusammengebracht, welcher eine Gedenktafel aus Erz mit dem Bilde Sertürners am Pharmakologischen Universitätsinstitute anbringen will. Dr. Krömeke aus Paderborn ist von mir veranlaßt worden, die schwer zugänglichen Veröffentlichungen Sertürners über das Morphium, welche einen ausgezeichneten Einblick in das wissenschaftliche Arbeiten der damaligen Zeit gewähren, unter Beifügung einer Lebensgeschichte und Würdigung seines großen Landsmannes neu herauszugeben.

Frau Oberstleutnant Best, eine Enkelin Sertürners in Hameln, hat uns bereits vor zwei Jahren und auch jetzt wieder durch Übermittlung von Briefen und eines ausgezeichneten Bildes, welches im Verlage der Münchener Medizinischen Wochenschrift als Blatt 355 der Galerie hervorragender Ärzte und Naturforscher im Jahre 1924 erschienen ist, unterstützt. Es sei ihr auch an dieser Stelle Dank gesagt, vor allem auch unserem Verleger, Herrn Dr. Gustav Fischer-Jena, welcher in stets bewährter Freundschaft den Neudruck trotz aller Schwierigkeiten ermöglicht hat.

Münster i. W., den 15. April 1925.

Dr. Paul Krause.

I. Jugend und Lehrzeit.

In der alten westfälischen Bischofsstadt Paderborn findet sich auf dem Marktplatze, dem ehrwürdigen Dome gerade gegenüber, in einem alten Geschäftshause, der früheren Cramerschen Hofapotheke (s. Abbildung S. 4/5) und späteren Adlerapotheke, eine im Jahre 1921 angebrachte schlichte Gedenktafel mit der Inschrift: „In diesem Hause entdeckte 1803 Fr. W. Adam Sertürner das Morphium."

Wie manchem Kranken und Verletzten hat in den seither verflossenen 120 Jahren diese wichtige Entdeckung Linderung seiner Schmerzen gebracht, ihm mit erquickendem Schlaf über die schwersten Stunden hinweg geholfen! Jedem Arzt ist das Morphium ein unentbehrlicher Begleiter geworden. Millionen war es im Weltkriege der tröstende Engel auf dem Schlachtfelde und in den Lazaretten.

Es scheint mir meinem großen Landsmanne gegenüber eine Pflicht der Dankbarkeit zu sein, sein Lebensbild und seine wissenschaftlichen Leistungen, die bisher in der ärztlichen Welt viel zu wenig gewürdigt werden, in Kürze zu schildern und vor allem die außerordentlich wichtigen, wissenschaftlich und historisch interessanten Arbeiten, die sich auf die Entdeckung des Morphiums beziehen, von neuem weitesten Kreisen bekannt zu machen, zumal da sie heutzutage für die Allgemeinheit nur schwer zugänglich sind. Die Arbeiten geben zugleich ein getreues Abbild der Strömungen und Empfindungen der gelehrten Welt vor 100 Jahren und bieten eine ausgezeichnete Charakteristik der damaligen Zeit, die mit der heutigen leider nur zu zahlreiche gleichartige Züge aufweist.

Das Charakterbild Sertürners schwankt im Urteil seiner Zeitgenossen; die vorhandenen verbürgten geschichtlichen Unterlagen sind nur dürftig. Trotzdem soll versucht werden, in kurzen Zügen aus der Literatur*) und eigenen Nachforschungen ein möglichst objektives Bild seines Lebens und Schaffens zu entwerfen.

Sertürner wurde am 19. Juni 1783 zu Neuhaus, der fürstbischöflichen Residenz in der Nähe Paderborns, geboren. Das Geburtshaus (s. Abbildung S. 2/3), jetzt fast zerfallen, ist ein kleines Einfamilienhaus an der Peripherie des Städtchens, ganz in der Nähe des Schloßgartens gelegen. Der Garten stößt an das kleine Flüßchen Alme, das sich 100 Meter weiter in die Lippe ergießt.

Der Vater war der fürstbischöfliche Ingenieur und Landmesser Josephus Simon Sertürner. Er war früher in österreichischen Heeresdiensten gewesen und hat die Schreibweise seines Namens mehrfach geändert. (Die ursprüngliche

---

*) Folgende Literatur wurde eingesehen:

1) Buchner, Repertorium der Pharmacie, Bd. 77, 1842.
2) Dr. E. Nolte, Archiv der Pharmacie, 1842.
3) Witting, Archiv der Pharmacie, 1846.
4) Vüllers, Zeitschrift für vaterländische Geschichte und Altertumskunde zu Münster, Bd. 57, 1899.
5) Bergell und Mamlock, Berliner klinische Wochenschrift, 1905, Nr. 32/33.
6) Peters, Hermann, Pharm. Zeitung, 1905.
7) Peters, Chemikerzeitung, 1905, Nr. 23.
8) Lockemann, 9. Bericht des Vereins für Geschichte und Altertümer der Stadt Einbeck über die Jahre 1909—12, Einbeck 1913.
   Stich, Berichte der deutschen pharmazeutischen Gesellschaft, 1917, Bd. 27.
   Schelenz, Berichte der Deutschen Pharmazeutischen Gesellschaft, 1913, Bd. 28.
   Koch, Rede bei der Einweihung der Sertürner-Gedenktafel, Paderborn 1921.
12) Krömeke, Münchener medizinische Wochenschrift, 1924, Nr. 3.
    Lockemann, Zeitschrift für angewandte Chemie, 1924, Nr. 30.

Sertürners Geburtshaus in Neuhaus i. W.

Lesart Sardinier ließ den Gedanken an eine Abstammung von der Insel Sardinien aufkommen. Einzelne Nachkommen erzählen sich noch heute von einer etwas phantastisch klingenden hohen Abstammung und abenteuerlichen Flucht des Vaters unseres Sertürner.) Er wurde dann von dem damaligen Fürstbischof Friedrich Wilhelm von Paderborn und Hildesheim in seine Resistenz Neuhaus als Ingenieur und Landesbauinspektor geholt und hatte Zeit seines Lebens in dem Kirchenfürsten einen Gönner und Freund. Wie Schelenz angibt, verheiratete sich der Ingenieur Josephus Simon Serdiner am 4. April 1769 mit Maria Theresia Brockmann zu Verne, Kreis Büren. Nach den Kirchenbüchern in Neuhaus, in die mir Herr Pfarrer Dr. Wurm liebenswürdigerweise Einsicht gestattete, entsprossen der Ehe 6 Kinder. Nach 3 Töchtern steht dort am 19. Juni 1783 eingetragen: Friedericus Wilhelmus Adamus Ferdinandus Serdünner (nachträglich verbessert in: Serdürner)*).

Der junge Friedrich Wilhelm erhielt in der Schule seines Heimatortes den ersten Unterricht, wurde zugleich von seinem hochgebildeten Vater in die Grundzüge der Naturwissenschaften eingeweiht und auf den väterlichen Beruf vorbereitet.

Leider starb der mächtige Gönner und Pate bereits früh, und der Vater folgte ihm am 31. Dezember 1798 im Tode, ohne seinem Sohne irgendwelche Geldmittel zu hinterlassen. Der junge Sertürner sah sich infolgedessen gezwungen, den liebgewonnenen Beruf aufzugeben, da die Ausbildung mit zu großen Kosten verbunden war.

Michaelis 1799 ging er zu dem fürstbischöflichen Hofapotheker F. A. Cramer in die Apotheke am Marktplatz zu Paderborn in die Lehre. Er hoffte, dort die Möglichkeit zu finden, bald Geld verdienen und dazu seinen naturwissen-

---

*) Als Taufpate ist der Fürstbischof Friedrich Wilhelm selbst angegeben, als sein Vertreter der Kaplan Adam Crux.

schaftlichen Neigungen nebenher leben zu können. In der Hofapotheke blieb er 4 Jahre in der Lehre und hat sich, wie Lockemann (13) in seiner schönen Arbeit über Sertürner erzählt, das Vertrauen seines Lehrers in der Weise erworben, daß dieser ihm das Zeugnis ausstellte: „Durch Ordnung und Treue erwarb er sich meine Zufriedenheit und durch seine gesammelten Kenntnisse meine Achtung." Der Landphysikus Dr. J. Schmidt bescheinigt dem jungen Apotheker nach dem am 2. August 1803 abgelegten Gehilfenexamen, daß er sich „von dieses jungen hoffnungsvollen Mannes trefflichen Kenntnissen so vollkommen überzeugt habe, daß ihm als einen brauchbaren, sehr tüchtig befundenen Apotheker die Geschäfte der Apotheke anvertraut werden können" [zit. nach Witting (3)].

Als Gehilfe blieb Sertürner dann noch über $2^{1}/_{2}$ Jahre in der Paderborner Apotheke. Er erinnerte sich später öfters mit Dankbarkeit dieser schönen und für seine Ausbildung so wichtigen Lehrzeit. In Paderborn war es auch, wo er sich die ersten wissenschaftlichen Lorbeeren errang.

II. Die Entdeckung des Morphiums.

In einem Brief an den Professor Trommsdorff, den dieser in seinem Journal der Pharmacie, 1805, im 13. Band veröffentlichte, teilte er seine ersten Untersuchungen über die Säure im Opium mit. Sertürner weist in dieser kurzen Abhandlung (s. S. 29) nach, daß im Opium eine freie Säure existiere, die Lackmustinktur rötet und sich durch Kalien abstumpfen läßt.

In einem zweiten Schreiben (s. S. 30) prüft er die Säure im Opium näher, „in wiefern sie sich den schon bekannten Säuren näherte, und ob es eine eigene noch unbekannte sey". Er bringt dann Beweise, daß die Opiumsäure eine stärkere

Ehemalige Cramersche Hofapotheke in Paderborn.
Gedenktafel mit der Inschrift:
„In diesem Hause entdeckte 1803 Fr. W. Adam Sertürner das Morphium."

Verwandtschaft zum Eisen besitzt als die Gallus- und Blausäure und der Gerbstoff und kommt zu dem Schluß, daß es eine eigene Säure sein müsse, der er den Namen Opiumsäure beilegt.

In einer Randbemerkung will der Professor Trommsdorff diese Befunde nicht ohne weiteres anerkennen, glaubt aber doch, daß die Versuche eine sorgfältige Wiederholung und Erweiterung verdienen.

Die wissenschaftliche Erforschung des Opiums lag damals in der Luft. Das war auch zu natürlich, weil die Klagen der Ärzte über mangelnde oder ungleichmäßige Wirksamkeit der verschiedenen Opiumpräparate nicht aufhörten. Zahlreiche Arbeiten der damaligen Zeit beschäftigten sich mit diesem wichtigsten pflanzlichen Arzneimittel, dessen endgültige Aufklärung einen Wendepunkt in der medizinischen Chemie bedeutete.

Von den zahlreichen Chemikern der damaligen Zeit, die sich mit dem Opium beschäftigten, ist außer Neumann, Wedelius, Hoffmann, Baumé besonders der gothaische Leibarzt Daniel Ludowici zu nennen, der, wie Schelenz in seiner Geschichte der Pharmacie mitteilt, bereits im Jahre 1686 von einem Magisterium Opii spricht. Im Jahre 1803 veröffentlichte der Pariser Pharmazeut Derosne eine wichtige Arbeit über die Analyse des Opiums, die Trommsdorff im 12. Bande seines Journales im Jahre 1804 übersetzt.

Derosne hatte durch Alkoholextraktion des reinen Opiums nach mehrfachen Waschungen ein Salz gewonnen und als eine der auffallendsten charakteristischen Eigenschaften dieses Körpers „seine schnelle Auflösung in tropfbar flüssigen Säuren ohne Wärme" angegeben. „Allein, sobald man diese Säureauflösung mit einem Alkali sättigt, so schlägt sich das wesentliche Salz bald daraus in weißer, pulverartiger Form nieder." Eine Auflösung des Salzes reagierte alkalisch und färbte dauernd den Violen-Syrup grün. Derosne erklärte sich diesen auffälligen Befund damit, daß das Salz an einen kleinen Anteil Kali gebunden sei. Allein es gelang ihm nicht, dieses Kali zu entfernen.

Derosne war also ganz dicht an der Entdeckung des Morphiums; sein Sel de Derosne, das damals viel gekauft und gerade in Deutschland, weil es aus dem Auslande kam, als Opiumersatz gebraucht wurde, war, wie später Robiquet zeigte, ein Gemisch verschiedener Opium-Alkaloide, vor allem von Narkotin und Morphium.

Diese Arbeit kannte der 21jährige Sertürner nicht, als er sich kurz nachher oder wohl bereits gleichzeitig in einer größeren Versuchsreihe mit der Analyse des Opiums von neuem beschäftigte. Das Resultat seiner Untersuchungen war die Entdeckung des Morphiums, und damit des ersten Pflanzenalkaloides überhaupt. Wiederum in Trommsdorffs Journal der Pharmacie erschien 1806 im 14. Bande jene außerordentlich wichtige, leider viele Jahre fast völlig unbeachtet gebliebene Arbeit: „Darstellung der reinen Mohnsäure (Opiumsäure) nebst einer chemischen Untersuchung des Opiums mit vorzüglicher Hinsicht auf einen darin neuentdeckten Stoff und die dahin gehörigen Bemerkungen", von Herrn Sertürner in Paderborn (s. S. 33). Diese, und nicht die 11 Jahre später publizierte Arbeit Sertürners schildert die eigentliche Entdeckung des Morphiums, das hier noch das Principium somniferum des Opiums genannt wird.

Aus ihr geht einwandfrei hervor, daß die Entdeckung dieses wunderbaren Heilmittels in Paderborn in der kleinen Hofapotheke unter den bescheidensten apparativen Verhältnissen von dem jugendlichen Apothekergehilfen gemacht wurde. Der Streit zwischen Paderborn und Einbeck um die Stätte der Entdeckung ist dadurch zugunsten Paderborns endgültig entschieden. Schelenz (10) gibt in seiner ausführlichen, für die geschichtliche Forschung außerordentlich wertvollen Arbeit über Sertürner auch zu, daß Buchner (1),

Nolte (2) und er selbst in seinen früheren Angaben sich geirrt haben, und daß nur Paderborn in Frage kommt*).

In dieser grundlegenden Arbeit berichtigt Sertürner zunächst seine bisherigen Befunde über die Mohnsäure und entschuldigt sich, daß er keine exakten quantitativen Beziehungen angeben könne, weil die Opiumpräparate voneinander so verschieden seien, und zwar nicht allein je nach ihrer Herkunft, sondern auch nach der Art der Zubereitung. Schließlich sei auch ein großer Teil der Opiumpräparate zum Nachteil der Kranken von gewinnsüchtigen Kaufleuten durch minderwertige Zusätze verfälscht.

Nach dieser Einleitung gibt Sertürner eine Reihe von Reaktionen des wässerigen Opiumauszuges an und geht dann in 57 Versuchen schrittweise an die Analyse der einzelnen Opiumbestandteile. Er beschäftigt sich zunächst in den ersten 20 Versuchen mit einer Darstellung der Mohnsäure und schildert ihre Eigenschaften und Versuche, sie von anderen Säuren zu trennen. Da der Opiumextrakt anders als die Mohnsäure allein auf blaue Pflanzenpigmente wirkt, so schließt er auf das Dasein eines anderen Stoffes, der diesen Farbenumschlag hervorruft. Er untersucht daraufhin den Niederschlag, den Kalien im Opiumaufgusse hervorbringen und hält dieses Präzipitat anfangs für eine Erdart oder eine Mohnsäureverbindung. Dieser Stoff löst sich nicht in heißem Wasser, wohl aber in Essigsäure und läßt sich durch Ammoniak wieder ausfällen. Hieraus schließt Sertürner, „daß dieser Körper weder Erde, Gluten, noch Harz, sondern ein ganz eigener Stoff sei". Durch die Überlegung, daß es doch nicht gut möglich sei, den wirksamen Faktor des wässerigen Opiumextraktes im wasserunlöslichen Harz zu suchen, kommt er auf den Gedanken, daß dieser fragliche Körper für die Opiumwirkung verantwortlich zu machen sei.

---

*) Ebenso irren Bergell und Mamlock (5), wenn sie behaupten, Sertürner sei bereits 1804 nach Einbeck gegangen.

Er prüft deshalb die isolierte Substanz sogleich im **Tierversuch.** Bei einem gesunden Hunde stellt sich nach Zufuhr dieses Stoffes alsbald Schlaf und später Erbrechen ein. Bei erneuter Einnahme wird alles erbrochen; aber die Neigung zum Schlaf hält mehrere Stunden an. Also ist „**dieser Körper der eigentliche betäubende Grundstoff des Opiums**". Er reinigt ihn durch mehrfaches Umkristallisieren aus Alkohol und stellt das essigsaure und kohlensaure Salz dar. Bei einem erneuten Tierversuch bestätigt sich der erste Befund: das Tier bekommt starke Schlafsucht und stirbt schließlich.

Wenn er dagegen aus einem Opiumextrakt den **durch Ammoniak gefällten Körper abfiltriert**, so äußert der Rückstand auf ein kleines Hündchen **keine Wirkung.** Auch der flüchtige stark riechende Stoff des Opiums tut einer Maus keinen Schaden, die unter einem Rezipienten sitzt, in den der Stoff abdestilliert wird.

Aus diesen Versuchen glaubt der junge Forscher „mit Gewißheit schließen zu können, daß die große Reizbarkeit des Opiums nicht von Harz- oder Extraktivteilen, sondern von diesem **besonderen kristallisierbaren Körper** herzuleiten ist." Er nennt ihn zum Unterschiede von dem im Opium hypothetisch angenommenen narkotischen Stoffen den **schlafmachenden Stoff (Principium somniferum).** Dieser Stoff soll sich in der Hauptsache an Mohnsäure gebunden im Opium befinden. Das Opium enthält also folgende Bestandteile: Extraktivstoff mit gummichten Teilen gemischt, balsamartige Materie, schlafmachendes Prinzip, Mohnsäure, Harz, Gluten, Kautschuck, schwefelsauren Kalk und Tonerde.

Alle **Schwierigkeiten**, die die Ärzte bisher mit den ständig wechselnden Opiumpräparaten hatten, sind dadurch **behoben,** daß man den neuen Stoff in Alkohol oder in Säure gelöst, statt der bisher gebräuchlichen unsicheren Präparate benutzt. Der **Wichtigkeit seiner Entdeckung** ist er sich voll bewußt, als er fortfährt: „Hierbei eröffnet sich dem praktischen Scheidekünstler ein neues, noch wenig geebnetes Feld zur Untersuchung; denn man darf hoffen, daß sich aus **mehreren anderen Vegetabilien**, z. B. den sogenannten Giftpflanzen und mehreren anderen, **Stoffe abscheiden lassen, worin ihre Wirkungen vereinigt liegen.**" Bescheiden fügt er dem Schlusse seiner Arbeit die Bemerkung an: „Diese über die Opiumpräparate gemachten Vorschläge mögen hier so lange als nutzenlose Schattenbilder ruhen, bis sie das Prüfungsfeuer gelehrter Ärzte zu ausführbaren, dem Staate nützlichen Dingen hervorgehen läßt."

In einem Postskriptum erwähnt er, daß er erst nach Abschluß dieser Arbeit erfahren habe, daß **Derosne** schon vor ihm einen kristallisierbaren Körper im Opium dargestellt habe, und er gesteht, eigentlich ohne Grund, **Derosne** den Ruhm der Entdeckung zu, betont aber ausdrücklich, er sei „**nicht geneigt zu glauben**, daß der schlafmachende Stoff seine **den Kalien fast ähnlichen Eigenschaften** von den **zur Scheidung angewandten Kalien** erhält; sondern er sieht diese **als eine auszeichnende Eigenschaft** dieser Mischung an". In dieser einen Bemerkung tritt der grundsätzliche Unterschied zwischen der Auffassung **Derosnes** und **Sertürners** klar zutage.

Trommsdorff schreibt in seinem Nachtrag zu der Arbeit, die Versuche **Sertürners** enthielten manche sehr interessante Ansichten, aber die Akten über das Opium seien noch keineswegs geschlossen. Die Versuche müßten mit größeren Mengen wiederholt werden. Besonderer Unterstützung hatte sich also der junge Apothekergehilfe trotz seiner doch offensichtlich hervorragenden Arbeit von dieser Seite aus nicht zu erfreuen. Die Entdeckung blieb auch fast vollkommen unbekannt.

III. Sertürner in Einbeck.

Zu Ostern 1806 verließ Sertürner seine nähere Heimat und siedelte nach dem Städtchen Einbeck in Südhannover über, um dort bei dem alten Ratsapotheker Hink, von dem er wissenschaftlich keine besondere Förderung erfahren konnte als Gehilfe einzutreten. Sein Forschergeist ruhte jedoch nicht. Er beschäftigte sich mit Untersuchungen über Galvanismus und wandte sich dann den Ätzalkalien zu. Nachdem er festgestellt hatte, daß das Ätzkali die Verbindung eines Metalles mit Sauerstoff sei, reichte er Gehlen die Arbeit zur Aufnahme in sein Journal der Chemie ein, wurde aber zurückgewiesen. Das verstimmte ihn tief. Vor allem als Davy kurze Zeit darauf seine Ansichten in vollem Umfange bestätigte, wurde er noch erbitterter. Noch nach vielen Jahren (1825) schrieb er, daß Deutschland auf diese Weise des Verdienstes, die Alkalien und Erden erkannt zu haben, verloren ging [zit. nach Schelenz (10)].

Er erwarb sich das Vertrauen der Bevölkerung Einbecks bald in hohem Maße und wußte es bei der französisch-westfälischen Regierung durchzusetzen, daß ihm, trotzdem er keine akademische Vorbildung genossen hatte, die Errichtung einer zweiten Apotheke (der jetzigen Ratsapotheke) in Einbeck gestattet wurde, die er dann selbständig führte. Neben seiner wissenschaftlichen Betätigung muß er auch recht geschäftstüchtig gewesen sein und seinen finanziellen Vorteil nicht aus dem Auge verloren haben.

Im eigenen Heim setzte er dann seine Untersuchungen über das Opium fort und schrieb 1811, wiederum in Trommsdorffs Journal, einen Aufsatz „Über das Opium und dessen kristallisierbare Substanz" (s. S. 58). Er wundert sich zunächst darüber, daß alle Nachuntersucher, die mit der von ihm dargestellten kristallisierbaren Substanz des Opiums Versuche angestellt haben, darin übereinstimmen, daß sie unwirksam sei. Auch Trommsdorff gesteht in einer Randbemerkung, daß seine Erfahrungen nicht für die Wirksamkeit dieses Stoffes sprechen. Sertürner erklärt sich diese abweichenden Resultate damit, daß die **kristallisierbare Substanz in Wasser fast unauflöslich ist** und deshalb auch der Wirkung des Magens widersteht. Er empfiehlt, den Stoff in **Alkohol** oder in **Säuren** aufzulösen. Im übrigen hält er seine Ansichten über das Opium und sein schlafmachendes Prinzip durchaus aufrecht, verfehlt aber nicht, am Schlusse dieser Arbeit den damals maßgebenden deutschen Chemikern ein schmeichelhaftes Kompliment zu machen.

In demselben Bande von **Trommsdorffs Journal** folgen dann noch mehrere Arbeiten: „**Über die Verwandlung einiger Körper durch Alkalien**", ferner „**Über die wirksamen Stoffe verschiedener Arzneimittel des Tier- und Pflanzenreiches**". In einer kurzen Arbeit berichtet er über das **wirksame Prinzip der Chinarinde** und zählt auch andere Stoffe auf, aus denen man die wirksame Grundsubstanz isolieren könnte, wie die **Curcumawurzel**, die **Angusturarinde**, die **Galläpfel** und anderes. Eine weitere Abhandlung: „**Über die tierische Kohle**" und über den **Borax** legen Zeugnis ab von der Vielseitigkeit **Sertürners**.

In den beiden nächsten Jahren beschäftigte sich der nie rastende Apotheker mit Studien über **Geschütze und Geschoßwirkung** und berichtete voll Stolz über seine Erfolge mit besonders konstruierten Hinterladern.

Dann zog es ihn aber wieder zur **Opiumforschung**. Im 55. Bande von **Gilberts Annalen der Physik** veröffentlichte er im Jahre 1817 seine weltberühmt gewordene Arbeit: „**Über das Morphium, eine neue salzfähige Grundlage und die Mekonsäure, als Hauptbestandteile des Opiums**" (s. S. 61). **Sertürner** führt aus, daß er, um die Widersprüche zwischen **Derosnes** und seiner Arbeit über die wirksame Substanz im Opium zu klären, die

Untersuchung aufs neue in Angriff genommen habe, zumal da seine erste Abhandlung kaum bekannt geworden sei. Die erneute Analyse des Opiums ergibt eine fast völlige **Bestätigung** der Versuche, die er im jugendlichen Alter mit unzureichenden Mengen unternommen hatte. **Derosnes** Verfahren und seine Beobachtungen waren unrichtig. Er kannte den eigentlich wirksamen Teil des Opiums nicht. Das **Sel de Derosne** ist nach Ansicht **Sertürners** eine **Verbindung des Morphiums mit der Opiumsäure**.

Das ursprüngliche Verfahren **Sertürners** ist folgendes: Trockenes Opium wird mit destilliertem Wasser heiß digeriert, bis dieses ungefärbt ist, dann eingedampft, mit Wasser verdünnt und heiß mit Ammoniak übersättigt. Der ausfallende kristallinische Körper ist die wirksame Substanz des Opiums, das **schlafmachende Prinzip**, das er jetzt **Morphium** nach **Morpheus**, dem Gott des Schlafes, nennt. Um die noch in Spuren anhaftenden Extraktivstoffe und die Mekonsäure zu entfernen, wird mehrfach in Alkohol umkristallisiert. Auf diese Weise erhält er reine **Morphiumkristalle**, als deren wichtigsten Eigenschaften er angibt, daß sie farblos, in kochendem Wasser nur in geringer Menge, in Alkohol und Äther dagegen leicht löslich seien. Eine Morphiumlösung bräunt das Rhabarberpigment, und zwar stärker als das der Curcuma, und macht das mit **Säure gerötete Lackmuspapier wieder blau**. Daran hat das angewandte **Ammoniak keinen Anteil**, da die Substanz keine Spuren mehr davon enthält. Das **Morphium** löst sich in **Säuren** sehr leicht auf und stellt mit ihnen **eigene, völlig neutrale Verbindungen** dar, welche eine Reihe merkwürdiger Salze bilden. Er schildert die Darstellung und die Eigenschaften des Morphium subcarbonicum, carbonicum, aceticum, sulfuricum, muriaticum, nitricum und tartaricum. Das **Morphium steht in der Reihe der Alkalien direkt hinter dem Ammoniak**, da es von diesem überall aus seinen Verbindungen getrennt wird. Es schließt gleichsam die Reihe der

Alkalien und unterscheidet sich von den mächtigeren, dem Kali, Natron und Ammoniak nur durch seine geringere Mächtigkeit. Die Bestandteile des Morphiums, die er aus Mangel an Zeit nicht genauer bestimmen konnte, sind wahrscheinlich Sauerstoff, Kohlenstoff und Wasserstoff, vielleicht auch Stickstoff.

Da Tierversuche keine richtigen Resultate gebracht hatten, machte Sertürner jetzt einen heroischen Selbstversuch und bewog ebenfalls drei jugendliche Freunde zur Erprobung seines neuentdeckten Körpers. Da die Maximaldosis noch völlig unbekannt war, nahm jeder der vier, in etwas verdünntem Alkohol gelöst, in Abständen von einer halben Stunde je $^1/_2$ Gran (= 32,5 mg) Morphium. Dann trat vorübergehende Neigung zum Erbrechen und ein dumpfer Schmerz im Kopfe auf. Nach einer Viertelstunde nahm dann nochmals jeder $^1/_2$ Gran, also zusammen 1,5 Gran = 97,5 mg Morphium, d. i. die dreifache Menge der heute üblichen Maximaldosis. Es traten dementsprechend auch Besorgnis erregende Vergiftungserscheinungen auf: große Hinfälligkeit und an Ohnmacht grenzende Betäubung. Auf die Eingabe von starkem Essig, der damals allgemein als Gegenmittel bei Opiumvergiftung angewandt wurde, erfolgte starkes Erbrechen, das sich durch kohlensaure Magnesia stillen ließ. Die Nacht ging unter tiefem Schlaf vorüber. Die Wirkung war aber erst nach mehreren Tagen völlig abgeklungen.

Da keiner der übrigen Bestandteile des Opiums diese Wirkungen besitzt, so schließt Sertürner aus dem Selbstversuch, daß die wichtigen medizinischen Wirkungen des Opiums auf reinem Morphium beruhen. Es gelang ihm auch, durch das Morphium ein heftiges Zahnweh, das nach Opium allein nicht weichen wollte, zum Verschwinden zu bringen. Der Opiumextrakt, aus dem das Morphium durch Ammoniak geschieden worden war, hatte nicht die geringsten Folgen bei Einnahme von 5 Gran. Die darin enthaltene Mekonsäure scheint also nicht gefährlich zu sein. Leider zersprang Sertürner bei der Untersuchung die Gerätschaft, so daß er diese Säure nicht näher untersuchen konnte.

Die im Wasser unlösliche balsamartige Restsubstanz hatte keine merkliche Wirkung bei Einnahme von 20 Gran. Ein kleines Hündchen erhielt mehrere Drachmen davon mit Brot, ohne das es Schaden erlitt.

In einem Nachtrag verbessert Sertürner seine ursprüngliche Methode dahin, daß er das Opium zunächst mit konzentrierter Essigsäure behandelte und aus dem verdünnten Filtrat mit Ammoniak das Morphium fällte und wiederum filtrierte. Der Rückstand wurde durch Schwefelsäure zersetzt und durch Ammoniak das Morphium aufs neue ausgeschieden. Der zurückbleibende saure Extraktivstoff, die braune Opiumsäure, ist ebenso unschädlich wie der neutrale.

In einer Anmerkung spricht Gilbert Sertürner seine Achtung über die ihm anvertraute „bedeutende Arbeit" aus. [Wie Lockemann (13) mitteilt, hat sich Gilbert anfangs jedoch längere Zeit geweigert, die Abhandlung in seinen Annalen aufzunehmen.] In einem Nachtrag berichtigt Sertürner noch seine früheren Mitteilungen über die Kristallformen des Morphiums aus dem Bedürfnis heraus, „daß in seinen Arbeiten keine, wenn auch nur kleine Unrichtigkeit gefunden würde". „Überhaupt", so fügt er hinzu, „werden Sie künftig bemerken, daß, obgleich ich nicht oft Waage und Gewicht in der Hand hatte, meine Beobachtungen doch wahr und treu sind." Er betont ja auch immer, daß es ihm mehr auf qualitative, als auf quantitative Verhältnisse ankomme. Er war zu sehr Feuergeist, um sich dieser Kleinarbeit mit Hingebung und Ruhe widmen zu können.

In demselben Jahre noch publizierte Sertürner in Gilberts Annalen eine zweite Arbeit: „Über eins der fürchterlichsten Gifte der Pflanzenwelt, als ein Nachtrag zu seiner Abhandlung über die Mekonsäure und das Morphium, mit Bemerkungen, den aciden Extraktivstoff des Opiums und seine Verbindungen betreffend"

(s. S. 82). Im weiteren Verlaufe seiner Untersuchungen ist es Sertürner aufgefallen, daß die Mekonsäure, die er bisher als unschädlich bezeichnet hatte, gar nicht ungefährlich ist, daß sie vielmehr „zu den schrecklichsten Giften gehört". Der Irrtum ist ihm deshalb unterlaufen, weil im mekonsauren Baryt die Säure schon durch die Hitze beim Trocknen vernichtet wurde. Beim Genuß von unzersetztem mekonsauren Natrium hatte er ein Gefühl, „welches den letzten Augenblicken eines Erhängten wenig nachgeben möchte". Durch einige Tropfen Salpetersäure, die die Pflanzensäure zerstörte, kehrt das Wohlbefinden zurück. Bei einem kleinen Hündchen trat nach kleinen Dosen mekonsauren Natriums ein Schwächezustand mit Lähmungserscheinungen ein. Die Mekonsäure wirkt also dem Morphium entgegen; das Morphium ist ein Gegenmittel gegen Mekonsäure. Deshalb sollten alle Apotheker durch Hinzufügung von essigsaurem Baryt die Mekonsäure aus dem Opium vor dem Gebrauch entfernen.

Betreffs der chemischen Zusammensetzung des Morphiums ist Sertürner zu der Ansicht gelangt, daß das Morphium eigentlich das Oxyd eines Radikals sei, wie das die übrigen Salzbasen sind. Es ist ihm allerdings nicht gelungen, das Radikal frei darzustellen. Vielleicht gelingt es mit größeren Apparaten versehenen Beobachtern, das Morphiumoxyd zu „entsauerstoffen", so daß sein Radikal nicht zersetzt wird und mit dem Sauerstoff anderweitige Verbindungen eingeht, wie es z. B. beim Ammonium der Fall ist.

Durch seinen Schüler Lange ließ er seine Versuche nachprüfen. Dieser fand, daß das kohlensaure Kali und ebenso das halbkohlensaure reines Morphium abscheidet. Lange gibt auch eine verbesserte Methode der Morphiumdarstellung an: Das rohe Morphium, welches man durch Ätzammoniak aus der durch Zusatz von Essig oder Salzsäure bereiteten Opiumauflösung niedergeschlagen hat, übergieße und erhitze man mit Salzsäure und filtriere heiß. Das gibt bei nochmaligem

Waschen das salzsaure Morphium in blendender Weiße. Dieses Salz läßt sich auch direkt aus Opium und Salzsäure darstellen und ist also ein unbedingt sicherer Beweis für die basisch-alkalische Natur des Morphiums.

In einem Nachtrage beklagt sich Sertürner bitter darüber, daß die einheimischen Arbeiten völlig übersehen und nicht beachtet werden, während alles, was aus dem Auslande kommt, überschätzt und nachgeahmt wird. Seine erste Morphiumarbeit war von den deutschen Gelehrten fast völlig ignoriert oder der Autor verspottet und beschimpft worden[*], während die Abhandlung Derosnes inzwischen überall bekannt geworden war. „Es ist leider eine häufige Krankheit bei uns", so schreibt er, „daß wir unsere Blicke mehr nach dem gallischen und britischen als nach dem germanischen Boden richten und gegen den Wert des auf letzterem entsprossenen die Augen verschließen. Dazu gesellt sich dann noch das Anstaunen und gierige Haschen der Deutschen nach ausländischen Produkten. . . . . Können wir das Ausland tadeln, wenn es einer Nation, die sich selbst so wenig zu achten scheint, auch die gebührende Achtung nicht ganz schenkt?" Das sind goldene Worte, bei denen es uns anmutet, jetzt, nach über hundert Jahren, als seien sie in unseren Tagen geschrieben. Lockemann (13) erzählt, daß diese lächerliche Bevorzugung alles Ausländischen damals so weit ging, daß man in deutschen Zeitschriften aus dem deutschen Apotheker Sertürner einen französischen Scheidekünstler „Serrurier" machte.

Der erste, der den ungeheuren Fortschritt in der gesamten Alkaloidforschung, der durch die Arbeiten Sertürners gemacht worden war, klar erkannte und würdigte, war wiederum ein Franzose, der berühmte Physiker Gay-Lussac. Durch seinen Schüler Robiquet läßt er in Gilberts Annalen,

---

[*] Von einzelnen Gelehrten, die diese Arbeit erwähnten, nannte einer Sertürner einen „Schüler", ein anderer bekannter Chemiker titulierte ihn mit „Schwindler".

Bd. 57, einen Artikel schreiben: „Bemerkungen über die Abhandlung des Herrn Sertürner, die Analyse des Opiums betreffend." Er wundert sich zunächst darüber, daß die Arbeiten des deutschen Apothekers sowohl in Deutschland wie im Auslande bisher unbeachtet geblieben seien. Die Darstellung des Morphiums nennt er „une découverte extrèmement importante". Er bestätigt die Angaben Sertürners vollauf und betont vor allem, daß die Entdeckung der ersten salzfähigen Base im Pflanzenreiche für die ganze Wissenschaft von ungeheurer Bedeutung sei, woraus schon Sertürner immer wieder aufmerksam gemacht hatte, ohne je gehört zu sein. Sertürner hatte, so führt er aus, den glücklichen Gedanken, diesen Körper „gegen alle Analogie für ein Alkali (und nicht für eine Verbindung des kristallisierbaren Körpers Derosnes mit Ammoniak) zu nehmen; in der Tat fand sich, daß er sich mit Säuren vollkommen verbindet und sie vollkommen sättigt. Diese Idee ist um so glücklicher, da sie uns, wie Herr Gay-Lussac bemerkt, notwendig zu genauerer Kenntnis der vegetabilischen und tierischen Gifte führen muß und es eine äußerst merkwürdige chemische Tatsache ist, daß es ein Alkali von so zusammengesetzter Natur gibt. Dies ist also eine Entdeckung, die ihrem Urheber alle Ehre macht (bien fait pour honorer son auteur)."

Der Chemiker Orfila in Paris veröffentlichte dann im gleichen Bande von Gilberts Annalen einen Aufsatz: „Die Wirkung des Morphiums auf die tierische Ökonomie". Er betont vor allem die schwere Auflösbarkeit des reinen Morphiums in Wasser und die leichte der Morphiumsalze. Orfila macht als erster darauf aufmerksam, daß das Morphium viel heftiger wirkt, „wenn man es in die Venen einspritzt, als wenn man es auf das Zellgewebe oder in den Verdauungskanal bringt"*).

---

*) In der Tat kam das Morphium erst in der zweiten Hälfte des 19. Jahrhunderts allgemein in Gebrauch, seitdem die Pravaz-Spritze zum ärztlichen Rüstzeug gehörte.

In Verfolgung seiner glücklichen Idee wies Sertürner in seiner nächsten Arbeit: „Über neuentdeckte, höchst wirksame Chinaalkaloide" von neuem eindringlich darauf hin, daß die wesentlichen Grundlagen auch anderer Heilmittel auf dem Gehalt an solchen basischen Stoffen beruhen. Die bald darauf folgenden Entdeckungen des Chinins, Brucins, Veratrins und Strychnins durch deutsche und französische Chemiker geben Zeugnis von dem weit vorausschauenden Blicke unseres Forschers.

Jetzt allmählich wurde man auch im deutschen Vaterlande auf den bescheidenen Gelehrten aufmerksam. Es ist nicht ausgeschlossen, daß, wie Gilbert selbst bemerkt, der bessere Erfolg dieser zweiten Morphiumarbeit darin begründet lag, daß sie an günstigerer Stelle publiziert wurde (das Journal von Trommsdorff wurde wohl nur von Pharmazeuten gelesen, während Gilberts Annalen in der damaligen wissenschaftlichen Welt eine der maßgebenden Zeitschriften waren).

Einige Wochen nach dem Erscheinen seiner letzten Morphiumarbeiten im März 1817 ernannte die „Sozietät für die gesamte Mineralogie in Jena", deren Vorsitzender damals gerade Goethe war, Sertürner zum auswärtigen ordentlichen Mitgliede. Am 10. Juni desselben Jahres verlieh ihm die philosophische Fakultät in Jena die Würde eines Doctor philosophiae honoris causa (wahrscheinlich in absentia auf Grund seiner Morphiumarbeit). Nach Schelenz' (10) und Lockemanns (13) Nachforschungen muß man annehmen, daß beide Ehrungen wohl auf denselben Anstoß zurückzuführen sind. Denn auf mineralogischem Gebiete hat Sertürner wohl kaum eine bedeutende Arbeit geliefert. Er scheint in Jena mehrere einflußreiche Freunde gehabt zu haben, die ihm die Wege ebneten und seinen Wunsch „rücksichtlich des Dr." erfüllten. Später ernannten ihn nach der Mitteilung von Lockemann (13) noch die Niederrheinische Gesellschaft für Natur- und Heilkunde zu Bonn (1824), ferner wissenschaftliche Gesellschaften in Marburg und Berlin, in Batavia, St. Petersburg, Paris, Lissabon und schließlich als letzte auch der Apothekerverein von Norddeutschland (1840) zu ihrem auswärtigen Mitgliede. Kennzeichnend für die damalige Zeit ist es, daß den 5 deutschen Gesellschaften allein 4 ausländische gleichkamen.

Der Prioritätsstreit um die Entdeckung des Morphiums hat allerdings noch viele Jahre gedauert. Die französischen Forscher wollten sich diesen Ruhm nicht nehmen lassen. Vauquelin erklärte im Jahre 1820 in Gilberts Annalen, daß die Entdeckung von dem Franzosen Séguin bereits im Jahre 1804 gemacht sei. Es stellte sich aber heraus, daß Séguin ähnlich wie Derosne zwar einen kristallisierten Stoff aus dem Opium dargestellt hatte, ohne aber dessen basischen Charakter zu erkennen. Schelenz (10) erwähnt noch die Äußerungen von Professor John, der Sertürner der Übertreibung und Unwahrheit bei seinen Morphiumuntersuchungen beschuldigt. Ebenso wendet sich Schweigger im Jahre 1819 gegen die Auffassung, das Morphium sei ein eigentümliches Kali.

Die Gegner verstummten erst, als im Jahre 1831 das Institut de France Sertürner den Monthyon-Preis von 2000 Francs zuerkannte mit der Begründung: „Pour avoir reconnu la nature alcaline de la morphine, et avoir ainsi ouvert une voie, qui a produit de grandes découvertes médicales."

Inzwischen hatte Sertürner in Einbeck allerlei persönliche Unannehmlichkeiten. Er mußte einen Beleidigungsprozeß gegen seinen Konkurrenten Hirsch ausfechten, der ihm die gröbste Berufsverletzung vorgeworfen und die Bürgerschaft gegen ihn aufgehetzt hatte. Sertürner versuchte jetzt auf jeden Fall von Einbeck fortzukommen und bewarb sich um verschiedene Apotheken in der Nachbarschaft. Er bot einmal sogar, wie Lockemann erwähnt, auf die Apotheke in Nordhausen 15 700 Taler (woraus hervorgehen dürfte, daß er geschäftlich sehr wohl auf der Höhe war); aber er mußte doch bis 1820 warten, bis er einen neuen festen Wohnsitz fand. Die Apotheke in Einbeck war ihm vorher noch auf Befehl der wieder eingesetzten hannoverschen Regierung genommen, da er während der Franzosenzeit als Apotheker bestellt worden war. Als die Regierung für die Apotheke dann einen neuen Verwalter bestimmen wollte, fiel die Wahl wiederum auf Sertürner. Sie wurde aber von der Landesbehörde nicht anerkannt. Diese Unstimmigkeiten und trüben Erfahrungen ließen in dem jungen Gelehrten eine außerordentliche Bitterkeit aufkommen.

IV. Sertürner in Hameln.

Schließlich gelang es ihm doch, im Anfang des Jahres 1820, in Hameln die Übernahme der alten Ratsapotheke als Nachfolger des damals bekannten Apothekers Westrumb bei der Regierung durchzusetzen. So siedelte er in das kunstgeschichtlich als Renaissancebau berühmte „Hochzeitshaus" in Hameln über. Auch hier gewann er bald das Zutrauen der Bevölkerung. In einem Weihnachtsbriefe an seine Braut*) schreibt er: „Am Sonnabend den 24. ist über mich im Club ballotirt und, wie ich höre, soll ich nur eine schwarze Kugel gehabt haben, welches mir deshalb lieb ist, indem ich darin einen Beweis finde, daß die hiesigen Einwohner mir zugethan sind."

Im Januar 1821 vermählte er sich im „Hochzeitshause" mit Eleonore Henriette von Rettburg, der Tochter

---

*) Diesen Brief, der von einer innigen Zuneigung zu seiner Braut zeugt, sowie mehrere andere für die Charakteristik außerordentlich wertvolle Briefe verdanke ich der Liebenswürdigkeit der Frau Oberstleutnant Best in Hameln, einer Enkelin Sertürners.

eines hannoverschen Obersten, die mit ihrer Mutter in anscheinend ärmlichen Verhältnissen in Einbeck gelebt hatte. Er führte mit ihr ein außerordentlich glückliches **Familienleben**. Aufbewahrte Briefe von ihm geben noch heute ein beredtes Zeugnis von seinen ausgezeichneten Eigenschaften als liebevoller Gatte und treusorgender Vater seiner 6 Kinder. Im Jahre 1834 schreibt er: „Die Kinder sind gründlich vorbereitet, d. h. an Ordnung und Fleiss und besonders an Erfüllung jeden Befehles gewohnt, ebenso in wissenschaftlicher Hinsicht gehörig ausgebildet." Die Erziehung seiner beiden Söhne*) leitete er anfangs selbst. Später sandte er seinen ältesten Sohn, um ihm eine gründliche Ausbildung in der französischen Sprache zu verschaffen, die, wie er selbst sagt und wie aus manchen Fehlern in französischen Worten seiner Publikationen hervorgeht, „seine schwache Seite war", nach Braunschweig zu einer in dieser Sprache besonders bewanderten Dame.

Die Zeitgenossen sind des Lobes voll über seine Freigebigkeit und nie versagende Hilfsbereitschaft. Die Nachkommen erzählen heute noch, daß er sein ganzes Leben lang seine wenig begüterte Schwester, die im elterlichen Hause in **Neuhaus** wohnen geblieben war, unterstützt, für sie die Steuern usw. bezahlt habe.

Wenn auch sein äußeres Leben von jetzt ab ruhig verlief, wissenschaftlich kam der ständig von neuen Ideen erfüllte Forschergeist nicht zur Ruhe. Immer wieder macht er auf die **Alkaloide des Pflanzenreiches** aufmerksam in der sicheren Voraussicht, daß diese Auffassung der wirksamen Stoffe eine **Umwälzung in der ganzen Alkaloidforschung** bedeuten mußte. „Wir dürfen häufig eine große Menge alkalischer Substanzen in mehreren Pflanzen voraussetzen, obgleich es nicht möglich ist, sie darzustellen", schreibt er 1825.

---

*) Der jüngere von seinen beiden Söhnen wurde sein Nachfolger; der ältere war später Obergerichtsrat in Hameln.

Dann beschäftigte er sich zeitweise wieder mit einem Lieblingsgebiet seiner Jugendzeit. Er stellte eine **Legierung von Blei und Antimon** her, die den Geschossen eine größere Durchschlagskraft verlieh und konstruierte dazu ein neues **Hinterladegewehr**, daß er der Regierung in Hannover zur Verfügung stellte.

Mit rein chemischen Fragen beschäftigte sich **Sertürner** in der Folgezeit nicht mehr so intensiv wie früher. Er ging jetzt verbittert und verärgert einsam seine eigenen Wege mit dem Erfolge, daß die wissenschaftliche Anerkennung ihm noch weniger zuteil wurde als früher.

Es wurmte ihn außerordentlich, daß seine **Theorie der Ätherbildung** nicht angenommen und, wie von vielen anderen, so auch von dem berühmten **Berzelius**, der übrigens seine Morphiumentdeckung ebenfalls kaum erwähnte, ignoriert wurde*).

Die Herausgeber der damals am meisten gelesenen wissenschaftlichen Zeitschriften waren ihm, dem **Autodiktaten**, der keine der herrschenden Schulen hinter sich hatte, wenig freundlich gesinnt, und so erschienen seine weiteren zahlreichen Publikationen fast sämtlich als kleine selbständige Schriften. Viel dazu beigetragen hat, wie er selbst mitteilt, die dunkle, oft unverständliche Sprache, in der er schrieb.

1820 und 1822 gab er in zwei Teilen sein „**System der chemischen Physik**" heraus. Dann gründete er eine eigene Zeitschrift: „**Annalen für das Universalsystem der Elemente**", um, wie **Buchner** (Repert. 1826) mitteilt, „seine eigenen Forschungen auf einen Punkt zu vereinen und ein von fremden Einflüssen unabhängiges Feld zu eröffnen". In den Artikeln dieser Zeitschrift entwickelt er manchmal die

---

*) „Die Angelegenheiten des **Äthers** stehen unerschüttert, unangetastet da, im ganzen Umfang mir allein gehörig", schrieb er 1826 in berechtigtem Selbstbewußtsein. Die spätere Forschung hat ihm übrigens in der Hauptsache recht gegeben.

sonderbarsten Theorien, in denen man ihm heutzutage kaum noch folgen kann und versteigt sich dabei zu den höchsten, vielfach einfach unhaltbaren Spekulationen in allen möglichen Gebieten der Physik, Chemie und Medizin.

In zahlreichen Schriften medizinischen Inhalts suchte er vor allem seine **Hypothese** zu verteidigen, daß die meisten Krankheiten durch **übermäßige Säureproduktion** im kranken Organismus entstünden und durch reichliche Zufuhr erdig-alkalischer Mittel zu heilen seien. Erwähnt sei hier die Schrift: „**Über das Ende der Gefahr beim Scharlach und den meisten entzündlichen, nervösen örtlichen und allgemeinen Krankheiten**."

Als die **Cholera** im Jahre 1831 von **Indien** aus über ganz Europa sich auszubreiten drohte, machte **Sertürner** das Volk in zwei Schriften, die er auf eigene Kosten drucken ließ, auf die große Gefahr aufmerksam. Den Gewinn aus diesen Schriften verschenkte er an die **Armen der Stadt Hameln**. Lockemann (13) hat das Verdienst, den Wert dieser damals völlig unbeachtet gebliebenen Arbeiten aufs neue hervorgehoben zu haben. **Sertürner** betrachtet als den **Erreger der Cholera** „**ein giftiges, belebtes, also sich selbst fortpflanzendes** oder erzeugendes Wesen". Man muß wirklich staunen über diese selbständige, die Wahrheit treffende Ansicht, die sich **Sertürner**, der Außenseiter, über die Entstehung einer Seuche gebildet hat, wenn man sich vor Augen hält, daß die Epidemieforschung zu damaliger Zeit durchweg die **Seuchen als Folgen einer „gastrisch-nervösen Krankheitskonstitution**" ansah.

Im Jahre 1838 erschien dann noch in Göttingen: „**Einige Belehrungen für das gebildete und gelehrte Publikum über den gegenwärtigen Zustand der Heilkunde und der Naturwissenschaften**". **Sertürner** beklagt sich bitter, daß man seine Arbeiten entweder einfach unbeachtet läßt oder, wenn man sie erwähnt, den Autor mit beißendem Spott und Hohn übergießt.

Erst die Nachwelt wird ihn, wie einst Keppler, ganz verstehen.

Diese zahlreichen Enttäuschungen verbitterten den strebsamen Mann mehr und mehr und legten, wie sein ärztlicher Freund Nolte, dem wir die besten Nachrichten über die letzten Lebensjahre Sertürners verdanken, „den ersten unvertilgbaren Keim des frühen Todes in seinen Gesamtorganismus".

In der letzten Zeit litt der vergrämte Gelehrte an „sukzessiv aggravierter hypochondrischer Gemütsstimmung und unverkennbarer stiller Seelenstörung". Dazu machte ihn ein schmerzhaftes Gichtleiden in den letzten Jahren seines Lebens oft lange Zeit arbeitsunfähig. Nach vielfach angewandten pharmazeutischen Heilversuchen, die die schmerzhaften arthritischen Beschwerden nicht bleibend beseitigten, unterzog sich der hart geprüfte Kranke im Sommer 1839 einer Badekur in Wiesbaden, die ihm merkliche Besserung verschaffte. 1840 besuchte er in Hannover seinen Freund Nolte und wurde von dort in Familienangelegenheiten plötzlich nach Einbeck abberufen. Er blieb in Einbeck bei ziemlich guter Gesundheit bis Anfang Februar 1841 und kehrte dann nach Hameln zurück. Kurz nach seiner Ankunft erkrankte er plötzlich an Phantasien, die selbst dem Opium nicht weichen wollten; am Abend des 6. Tages traten die Zeichen des herannahenden Todes ein, und am 9. Tage der Krankheit starb er am 20. Februar 1841 nach heftigen Krämpfen (an Urämie?). Sein Freund Nolte glaubt, „daß es sich um einen Erguß von Wasser in die Höhle des Rückenmarkes und um eine Infiltration von Wasser ins Gehirn" gehandelt habe. Was die Sektion, die nach den Angaben von Stich entgegen den Aufzeichnungen Noltes tatsächlich gemacht worden ist, ergeben hat, ist unbekannt geblieben.

Die sterblichen Überreste wurden nach Einbeck übergeführt und in der Familiengruft seiner Schwiegereltern in der uralten, ehrwürdigen St. Bartholomäi-Kapelle in der

Nähe von Einbeck beigesetzt. Im Jahre 1917 hat Stich durch Eröffnung der Gruft den Sarg des Morphiumentdeckers identifiziert und für eine würdige Aufbahrung Sorge getragen.

V. Schlusswort.

Von allen, die sich mit dem Lebensbild Sertürners eingehend beschäftigt haben, wird ausnahmslos anerkannt, daß es außerordentlich schwer ist, zusammenfassend ein abgerundetes Urteil über diesen seltenen Mann zu fällen.

Am einfachsten ist es noch, seine Persönlichkeit in ihren rein menschlichen Eigenschaften zu schildern. Wie aus zahlreichen Tatsachen und aus der Überlieferung noch lebender Nachkommen zweifelsfrei hervorgeht, war er ein durchaus ehrlicher, vornehmer Charakter, ein besorgter Gatte und guter Vater seiner 6 Kinder. Dabei zeigte er sich freigebig gegen die Armen und hilfsbereit gegen jedermann. In einem Nachruf werden seine menschlichen Tugenden gefeiert mit den Worten: „Der göttliche Funke „wohl zu tun" war ihm zuteil geworden und an dem Glück anderer zu bauen, war ihm die größte Freude" [zit. nach Koch (11)].

Daß er darauf bedacht war, seine wirtschaftliche Lage dauernd zu verbessern, kann man ihm, dem Sohn eines sicher nicht glänzend besoldeten Beamten, der während einer langen Lehr- und Gehilfenzeit mit den bescheidensten Geldmitteln sich behelfen mußte, der dann eine arme Frau heiratete und für eine große Kinderzahl zu sorgen hatte, nicht verübeln. Irgendeine Unehrlichkeit oder dergleichen hat ihm ja auch keiner seiner zahlreichen Feinde nachweisen können.

Ohne Zweifel war er auch ein guter Patriot, der bei jeder Gelegenheit für das deutsche Vaterland eintrat und immer wieder den größten Fehler des deutschen Volkes geißelte, alles

Ausländische in den Himmel zu heben und in geradezu lächerlicher Weise nachzuahmen. Um die **Landesverteidigung** hat er sich durch Konstruktion eines neuen Gewehres und weittragender Geschosse verdient gemacht.

Wenn man **Sertürner als Wissenschaftler** beurteilen will, so muß man zunächst sich daran erinnern, daß es ihm aus finanziellen Gründen nicht möglich war, sich die Bildung einer Hochschule zu verschaffen, daß er ferner dauernd gezwungen war, mit den **primitiven Laboratoriumsmitteln** einer einfachen Apotheke zu arbeiten. Als **reiner Autodidakt** hatte er sich dann in jungen Jahren, unbekannt mit all den Schlichen einer geschickten Polemik und ohne Unterstützung einer der damals mächtigen Cliquen, gegen die ganze wissenschaftliche Welt zu behaupten und, wenigstens mit seiner **Entdeckung der ersten Pflanzenbase im Opium**, auch schließlich tatsächlich durchgesetzt. Worauf **Sertürner** vorausahnend immer wieder hingewiesen hatte, darin gab ihm die Folgezeit in vollem Umfange recht: Die Auffindung zahlreicher pflanzlicher Alkaloide basiert allein auf **Sertürners** Morphiumarbeiten, das kann heute niemand mehr bestreiten, und so ist er mit vollem Recht **der Begründer der ganzen modernen Alkaloidchemie** zu nennen.

Wenn **Bergell** und **Mamlock** (5) behaupten: „Sertürner war kein Mann von großen Gesichtspunkten, der planmäßig einem bedeutenden Ziele zusteuerte", so kann man ihnen, wenigstens in bezug auf die Entdeckung der Pflanzenbasen, wohl kaum zustimmen. In dieser Hinsicht darf man unseren **Sertürner** mit ruhigem Gewissen auch „als **bahnbrechenden Geist**" feiern.

Auch die **Entdeckung der Alkalimetalle** wäre ihm mit größter Wahrscheinlichkeit zugesprochen, wenn ihm die maßgebenden Stellen damals rechtzeitig die Spalten einer wissenschaftlichen Zeitung geöffnet hätten. Zweifellos war er auch in seiner **Äthertheorie** auf dem richtigen Wege.

Geradezu erstaunlich ist es, wieweit er seiner Zeit in der Ätiologie der Cholera voraus war.

Ein selten befähigter, vielfach instinktiv das Richtige treffender, geborener Naturwissenschaftler, ließ er sich leider, als er immer wieder nur Spott und Hohn erntete, statt der nach seiner festen Überzeugung wohlverdienten Anerkennung, gekränkt und verärgert, dazu verleiten, unbekümmert um alle wissenschaftliche Umwelt vom einmal mit Erfolg beschrittenen Wege der exakten Forschung abzuschweifen in die Sphären reiner Spekulation und unklarer Theorien. Dadurch verdunkelte sich sein Bild im Urteil seiner Zeitgenossen, und sein wissenschaftliches Ansehen wurde erheblich beeinträchtigt. Wie Schelenz, der Altmeister der pharmazeutischen Geschichtsschreibung, so packend schildert, liegt eine tiefe Tragik im Leben dieses seltenen Mannes, der mit warmem Herzen unzähligen Menschen das schlimmste Leid erträglich gemacht und dabei selbst vor Gram verging.

Nach seinem Tode bemühten sich seine Freunde, vor allem Nolte, Buchner und Witting, das Andenken des vielfach Verkannten wieder mehr zu Ehren zu bringen. Das Vereinsjahr 1846 wurde vom deutschen Apothekerverein nach Sertürner benannt.

Sein Geburtsort Neuhaus ehrte den Morphiumentdecker im Jahre 1921 durch Notgeldscheine mit seinem Bilde und dem seines Geburtshauses*).

In Paderborn, Einbeck und Hameln künden Tafeln und Ehrenmäler den Ruhm des Wohltäters der Menschheit.

Besser als in Erz und Stein lebt er jedoch fort im dankbaren Angedenken derer, denen er durch die Wunderkraft seines Mittels Linderung ihrer Schmerzen gegeben hat und noch täglich gibt.

---

*) Auf den Scheinen steht die Inschrift:
 „Deine Hütte verfallen, dein Grab verweht,
 Dein Werk wird bleiben, solange die Erde steht."

Auch ich möchte versuchen, wie ich schon eingangs erwähnte, im zweiten Teile dieser kleinen Schrift meinem großen Landsmanne ein bescheidenes Denkmal aufzurichten, indem ich die **Morphiumarbeiten Sertürners**, die bisher in großen Bibliotheken verborgen ruhen, durch eine **Neuauflage** wieder ans Licht bringe und der Allgemeinheit der Ärzte, Apotheker und Chemiker zugänglich mache.

II. Teil.

Sertürners Abhandlungen über die Entdeckung des Morphiums.

Journal
der
Pharmacie
für
Aerzte, Apotheker und Chemisten
von
D. Johann Bartholmä Trommsdorff.

Dreyzehnter Band.

Leipzig 1805.

Auszüge aus Briefen an den Herausgeber.
Von
Herrn Friedrich Sertürner
in Paderborn.

Säure im Opium.

Daß Herr Apotheker Bucholz die Gegenwart der Schwefel- und Salzsäure im Opium beweist, auch eine Pflanzensäure darin vermuthet, welche aber sämmtlich an Basen, theils Kali, theils Kalkerde, gebunden seyn sollen, ist mir aus ihrem so schätzbaren Journale bekannt. Dieser Chemiker erwähnt aber keiner freyen Säure, welche doch im Opium nicht zu verkennen ist, denn das Röthen der Lakmustinktur, sowohl durch geistige als wässerichte Auszüge, kann hier als Beweis gelten, auch läßt sich diese Säure durch Kalien abstumpfen. So blieben den Versuchen des Hrn. B. zu Folge folgende Erscheinungen unerklärbar. 1) Man vermische den mit Weingeist verdünnten eisenhaltigen Schwefeläther mit einfacher Opiumtinktur, es wird augenblicklich ein kastanienfarbiger Niederschlag erscheinen: so verhält sich auch eine Auflösung des salzsauren Eisens. 2) Man gieße zur Opiumtinktur frisches Kalkwasser, so wird sich ein weißer Niederschlag erzeugen; es ist wahrscheinlich, daß diese Säure zum Theil an eine Grundlage gebunden ist.

Ich beobachtete diese saure Eigenschaft des Opiums an zwey Sorten*); sollte sie wohl allem Opium eigen seyn? Ew. Wohlgeboren werden sich hiervon zu überzeugen suchen. Ob es eine eigene oder schon bekannte Säure ist, kann ich nicht bestimmen, denn Geschäfte hinderten mich, diese Versuche weiter fortzusetzen. Dieser Gegenstand verdient gewiß Aufmerksamkeit, weil das Opium eine so große Rolle unter den Arzneymitteln spielt.

Ein anderes Schreiben
von
Ebendemselben.

Nachtrag zur Charakteristik der Säure im Opium.

Schon in meinem vorigen Briefe erwähnte ich das Daseyn einer Säure im Opium, aber zu unbestimmt, um richtige Resultate hieraus ziehen zu können; vielleicht geben folgende Versuche, obschon sie nicht ganz ausführlich und zu Zeiten nur flüchtig aufgestellt sind, mehrere Auskunft. Mein erstes Bestreben ging dahin, jene Säure zu prüfen, in wie fern sie sich den schon bekannten Säuren näherte, oder ob es eine eigene noch unbekannte sey.

1) Diese Säure läßt sich aus dem Opium sowohl durch Wasser als Alkohol vorzüglich durchs Erwärmen ausziehen.
2) Ist sie bey der Temperatur des siedenden Wassers nicht flüchtig.
3) Durchs Feuer zerstörbar.
4) Färbt sie das Lakmuspapier roth, scheint aber auf den Veilchensaft nicht zu wirken.

---

*) Man vergleiche damit die neuere Untersuchung des Bürgers Desrosne im Journ. d. Pharm. B. XII, St. 1, S. 223 ff.   T.

5) Bildet sie mit dem Kali bräunliche, im Wasser und Alkohol schwer auflösliche, im Feuer zerstörbare Krystalle, deren Form ich auch mit bewaffneten Augen nicht bestimmen konnte.

6) Das opiumsaure Kali fließt erst in der Hitze, dann stößt es entzündliche Dämpfe aus und gekohltes Kali bleibt zurück; ein Beweis, daß die Opiumsäure wahrscheinlich aus Wasser-, Kohlen- und Sauerstoff besteht.

7) Sie schlägt die im Wasser gelöste Kalkerde mit weißlicher Farbe nieder.

8) Schlägt sie viele Metalloxyde aus ihren Auflösungen mit verschiedenen Farben zu Boden.

9) Aeußert diese Säure eine starke Affinität sowohl zu dem vollkommenen als minder oxydirten Eisen; ersteres wird mit bräunlicher, letzteres mit grauer Farbe aus seinen Auflösungen geschieden.

10) Sind die Niederschläge des opiumsauren Eisens für alle Säuren, außer der Hydrothionsäure, worüber ich noch im Zweifel bin, unzersetzbar.

11) Die Verwandtschaft der Opiumsäure zu dem Eisenoxyd ist so stark, daß sie dem blausauren Kali den Eisengehalt gänzlich entzieht, wovon man dieß zur Zeit nur schwer und doch nicht ganz befreyen konnte.

Um ein eisenfreyes blausaures Kali zu verfertigen, verfährt man auf folgende Art:

Man nehme ein so viel wie möglich wenig eisenhaltiges blausaures Kali (weil sonst zu viel Opiumsäure erfordert würde), löse es im destillirten Wasser auf, und gieße so lange Opiumtinktur hinzu, als die verdünnte Schwefelsäure noch eine blaue Farbe erzeugt, alsdann filtrire man diese Flüssigkeit; entdeckt man, daß noch Eisen gegenwärtig ist, so tröpfle man noch Opiumtinktur hinzu, und es wird ganz verschwinden, sodann rauche man diese Flüssigkeit langsam ab, während dieser Zeit scheidet sich opiumsaures Eisen mit harzigten Theilen verbunden ab. Daher filtrire man diese Auflösung ehe die Krystallisation ihren Anfang nimmt. Die erhaltenen Krystalle werden so oft im Wasser aufgelöst und krystallisirt, bis sie ganz ohne Farbe erscheinen, doch wird dieses sehr erleichtert, wenn man einen geistigen Auszug des Opiums nimmt, um das blausaure Kali eisenfrey darzustellen, weil der wässerichte Auszug zu viel Extraktivstoff bey sich führt. Mit auf solche Art gereinigtem blausaurem Kali kann der geringste Eisengehalt entdeckt werden.

Aus diesem erhellet, wie unsichere Prüfungsmittel uns das gallus- und blausaure Kali gewähren, wenn Opiumsäure gegenwärtig ist. 2) Daß das Eisen zur Bildung des blausauren Kali nicht unumgänglich nothwendig ist, wie man glaubt. 3) Daß die geistige Opiumtinktur als Reagens zur Entdeckung des Eisens brauchbar ist.

Folgendes sind Beweise, daß die Opiumsäure eine stärkere Verwandtschaft zu dem Eisen besitzt als die Gallus- und Blausäure und der Gärbestoff.

Man verfertige eine äußerst schwache Auflösung des schwefelsauren Eisen, so daß dieses kaum durch den Geschmack bemerkt wird. Zu dieser gieße man so lange Opiumtinktur, als noch eine Trübung erfolgt, zu diesen tröpfle man Galläpfeltinktur oder blausaures Kali, es wird nicht die geringste schwarze oder blaue Farbe bemerkt werden, zeigt sich noch eine Farbenveränderung, welches von dem noch unzerlegten schwefelsauren Eisen herrührt, so schütte man noch Opiumtinktur hinzu, und sie wird verschwinden.

Vorzüglich muß man bey diesen Versuchen berücksichtigen, daß die Opiumtinktur zu den Eisenoxyden immer im großen Verhältnisse steht, weil sich hier einer leicht täuschen kann, indem die Opiumsäure nur in geringer Menge vorhanden ist. Es wäre sehr zu wünschen, daß diese Versuche mit reiner Opiumsäure wiederholt würden, dieß wird aber wohl nicht eher geschehen können, bis man ein Mittel findet, diese in größerer Quantität zu verfertigen.

Sind dieß nicht die ausgezeichnetsten Charaktere, welche diese Säure besitzt, um sie von andern zu unterscheiden; ist es diesem zu Folge von mir zu viel gewagt, ihr den Namen Opiumsäure beyzulegen, und wahrscheinlich wird sie diesen Namen nicht lange beibehalten können, da es zu vermuthen ist, daß sie nicht allein dem Opium, sondern mehrern Pflanzen eigen seyn wird.

Ich bediente mich zu diesen Versuchen theils wässerichter, theils geistiger Auszüge eines sehr guten Opiums; auch lieferten mir mehrere Sorten Opium gleiche Resultate*).

---

*) Es ist noch zweifelhaft, ob diese Erscheinungen von einer besonderen Säure herzuleiten sind, da die Opiumauszüge mehrere Bestandtheile enthalten, die hier influiren können. Aber diese Versuche verdienen eine sorgfältige Wiederholung und Erweiterung.

T.

Journal der Pharmacie

für

Aerzte, Apotheker und Chemisten

von

D. Johann Bartholmä Trommsdorf.

Vierzehnter Band.

Leipzig 1806.

Darstellung der reinen Mohnsäure*) (Opiumsäure)

nebst einer

chemischen Untersuchung des Opiums

mit

vorzüglicher Hinsicht auf einen darin neu entdeckten Stoff und die dahin gehörigen Bemerkungen.

Vom

Herrn Sertürner in Paderborn.

Im Journale der Pharmazie 13ten Bandes machte ich einige Bemerkungen über die besonderen Eigenschaften des im Handel vorkommenden Opiums, welche mir nach den bis jetzt bekannten Bestandtheilen desselben unerklärbar waren; auch äußerte ich zugleich, daß jene Erscheinungen von einer eigenen noch unbekannten Säure determinirt würden, ohne jedoch einen entscheidenden Beweis dafür anzugeben.

An eben erwähntem Orte machte deswegen Herr Professor Trommsdorff nicht ohne Grund die Bemerkung, daß es meinen Versuchen zufolge zweifelhaft sey, ob jene Phänomene von einer Säure oder einem anderen Stoff bewirkt würden; es war sehr zu

---

*) Dieses scheint mir der angemessenste Name zu seyn, weil ich sie bis jetzt in keinem andern Vegetabil als dem Mohne gefunden habe.

Fr. Sertürner

vermuthen, daß ich mich getäuscht hatte, weil schon Männer von so ausgezeichneten Kenntnissen und Verdiensten sich mit Untersuchung dieses Körpers beschäftigt hatten. Daß ich manche auffallende Erscheinung der Opiumauszüge von dessen Säure herleitete, welche ich bey genauer Untersuchung an der reinen Mohnsäure nicht bemerkte, war freylich eine Täuschung, die mir aber um so weniger zu Schulden kommen wird, da ich erst nachher so glücklich war, noch einen andern bis jetzt unbekannten Stoff im Opium zu finden, der durch sein verschleiertes Daseyn viele jener Irrungen veranlaßte. So leitete ich z. B. die Veränderungen, welche einige Pflanzenpigmente durch die Opiumtinkturen erfahren, blos von der Mohnsäure her, da sie doch theils von dieser theils von jenem genannten Stoffe bestimmt werden.

Nachstehende Data werden indeß mein Vorhergesagtes näher beleuchten, und über die Existenz der Opiumsäure keinen fernern Zweifel übriglassen. Bey nachfolgenden Versuchen habe ich zu Zeiten auf einige Bestandtheile des Opiums nur einen Blick im Vorbeygehen geworfen, und bey einigen Versuchen gar kein Gewicht angegeben; hier glaube ich mich bey meinem geneigten Leser hinlänglich entschuldigen zu können, indem ich mein Hauptaugenmerk mehr auf das qualitative als quantitative Verhältniß dieser Körper richtete. Auch waren Mangel an Muse, und bey einigen, z. B. der Mohnsäure, die geringe Menge (womit ich operiren konnte) ein Grund, warum ich auch dieses oft mangelhaft umfassen mußte: da wo es unumgänglich nöthig war, wird man indeß beydes so viel wie möglich vereinigt finden.

Zwar hätten meine Versuche an Deutlichkeit und Realität vieles gewonen, wenn ich bey jedem bestimmt das quantitative Verhältniß hätte berücksichtigen können, indeß wird man hierbey nicht gar viel verlieren, zumal in jeder Sorte Opium das Mischungsverhältniß einem bestimmten Wechsel unterworfen ist. Denn nicht allein Standort und Klima sind Ursache jenes Wechsels, sondern auch das unachtsame Verfahren bey Gewinnung dieses wichtigen Heilmittels; und noch zulezt geräth es nicht selten in die Hände merkantilischer Habsüchtigkeit, welche dasselbe zum Nachtheile vieler leidenden Individuen mit solchen Substanzen zu versetzen wissen, die selbst dem geübtesten Auge unbemerkbar bleiben können.

Hoffentlich wird es dem Eifer unsrer Zeitgenossen, denen das Wohl ihrer Mitbürger am Herzen liegt, vielleicht gelingen, der Mohnpflanze (Papaver somniferum) durch eine zweckmäßige Cultur das in etwas zu ersetzen, was ihr ein ungünstiges Klima des nördlichen Europa versagt. Daß diese Pflanze in unserer nördlichen Zone der sorgfältigsten Cultur ungeachtet nie den Grad der Vollkommenheit, wie in Persien ihrem Vaterlande erreichen kann, wird jedem, der nur einen Blick auf die sie umgebenden Verhältnisse wirft, von selbst einleuchten. Aber auch bey diesem Mangel scheint es doch nicht außer den Gränzen der Möglichkeit zu liegen, durch sie das Opium der heißern Zone, wo nicht zu verdrängen, doch wenigstens entbehrlicher zu machen, wodurch dasselbe alsdann im Preise fallen, mithin auch der Verfälschung nicht so sehr ausgesezt seyn würde.

Ganz unten werde ich suchen darzuthun, wie durch ein anderweitiges Verfahren dieser Zweck zu erreichen sey.

Um alle Weitläufigkeit zu vermeiden, kehre ich nach dieser kleinen Ausschweifung über die Gränzen meines Gebiets wieder zu meinem Gegenstande zurück und werde hier nur diejenigen Versuche aufzählen, welche einiges Interesse gewähren können. Um mir einen Leitfaden bey nachstehender Untersuchung zu verschaffen, behandelte ich zuerst 300 Gran Opium in der Kälte mit 8 Unzen destillirtem Wasser; diese wohl filtrirte braune Flüssigkeit wurde durch folgende Reagentien geprüft:

a) Das mit dem blauen Lakmuspigmente gefärbte Papier wurde merklich geröthet, hinterließ aber nach einiger Zeit einen fast ganz verbleichten blaßröthlichen Flecken.
b) Die Tinktur der Blumenblätter des blauen Veilchens (viola odorata) verlor gleich ihre blaue Farbe, ohne merklich geröthet zu werden.
c) Kurkumepapier, dessen ursprünglich gelbe Farbe durch eine schwache Kalilösung verändert war, wurde wieder gelb.
d) Papier, welches mit Rhabarbertinktur gefärbt war, ließ nicht die geringste Veränderung bemerken.
e) Eben so verhielt sich das mit Gilbwurzel und Fernambuck gefärbte Papier.
f) Aetzendes Kali bewirkte einen häufigen flockichten Niederschlag, welcher sich durch ein Uebermaß von Kali nicht wieder auflöste.
g) Das mit Kohlensäure vollkommen gesättigte Kali verhielt sich eben so.
h) Natrum sowohl im reinen als kohlensauren Zustande eben so.
i) Ammoniak wie beim vorigen.
k) Reiner Baryt in destillirtem Wasser gelöst, brachte augenblicklich einen grauen Niederschlag hervor, der sich aber in ver-

dünnter Salpetersäure bis auf einen geringen Rückstand wieder auflöste.
l) Eine Lösung des salzsauren Baryts verhielt sich eben so.
m) Essigsaures Bley eben so.
n) Salpetersaures Silber erzeugte keine merkliche Veränderung.
o) Salpetersaures Quecksilber eben so.
p) Aetzender Kalk in destillirtem Wasser gelöst, bewirkte einen reichlichen grauen Präcipitat, welchen verdünnte Salpetersäure gänzlich wieder auflöste.
q) Eine Lösung des grünen schwefelsauren Eisens verursachte eine schmuzig braune Farbe, die aber durch Berührung der Atmosphäre nach einiger Zeit etwas dunkler wurde.
r) Das rothe schwefelsaure Eisen erzeugte gleich eine dunkel kastanienbraune Farbe.
s) Salzsaures Eisen sowohl im Minimum als Maximum der Oxydation äußerte gleiche Erscheinung — doch besaß die durch lezteres erzeugte Farbe mehr Lüstre. Säuren, selbst konzentrirte, z. B. Schwefel-Salz-Essigsäure, zertörten diese Farbe nicht, sondern erhöhten sie bis zum schönsten Roth; entgegengesezt verhielten sich alle Kalien.
t) Sauerkleesaures Kali erregte einen merklichen Niederschlag.
u) Einfaches salzsaures Zinn in destillirtem Wasser gelöst gab einen beträchtlichen Bodensatz.
v) Thierischer Leim im Wasser gelöst blieb ohne Veränderung auch beym Erhitzen der Mischung.
w) Schwefelsäure von 2,000 spezifischem Gewichte ließ außer einer braunen Farbe nichts auffallendes bemerken.
x) Himbeerensaft (von Rubus Idaeus) mit Wasser verdünnt, verlor durch eine hinreichende Quantität dieser Flüssigkeit zum Theile die ihm eigenthümliche rothe Farbe, und sezte nach einiger Zeit einen röthlichen Bodensatz an.
y) Die Tinktur der Heidelbeere (vaccinium myrtillus) äußerte dieselbe Wirkung noch deutlicher.

Aus diesem geht hervor:

Zufolge a, b, c scheint eine Säure im ungebundenen Zustande gegenwärtig zu seyn. Bey genauer Beobachtung bemerkte ich aber auch bey a, b, eine Art Zerstörung der Farbe. Vorhin schrieb ich diese Eigenschaft der Mohnsäure zu, wir werden aber gleich sehen, daß sie von einem anderen Stoffe herrührt; d, e, zeigt die Abwesenheit freyer Kalien. Aus f, g, h, i, erhellt das Daseyn eines

Körpers, welcher an irgend eine Säure gebunden ist. Nach k, l, m, schließe ich auf die Gegenwart der Schwefel- und Mohnsäure: denn die Niederschläge geben mit Eisenauflösung eine braune Farbe; zufolge n, o, p, ergibt sich keine Spur von Salzsäure oder Saurekleesäure. Bey q, r, s, verräth die braunrothe Farbe der Mischung dem Auge des Beobachters die Mohnsäure, t, deutet auf Kalk; u, v, beweist, daß kein Tannin vorhanden war; denn bei v hätte sich dies zeigen müssen; x, y, als die lezten zeigen ähnliche Eigenschaft wie a, b, ich halte sie mit jenen für synonym.

Nähere Untersuchung.

Erster Versuch.

Zwey Unzen = 960 Gran des besten trocknen Opiums wurden gröblich zerstoßen, in einem kleinen Kolben mit 8 Unzen Wasser übergossen und 12 Stunden bey einer Temperatur von beynahe 70° Reaumur' digerirt; nachdem sich das unaufgelöste zu Boden gesezt hatte, wurde die überstehende sehr braun gefärbte Flüssigkeit abgegossen.

Zweyter Versuch.

Den Rückstand behandelte ich nochmals mit 8 Unzen Wasser wie zuvor, wobey lezteres noch ziemlich stark gefärbt wurde.

Dritter Versuch.

Voriger Rückstand wurde jetzt mit 8 Unzen Wasser eine geraume Zeit gekocht und auf einem Filtrum so lange mit Wasser abgespült, als an dem durchlaufenden Fluidum noch Farbe zu bemerken war; dieser Rest, woraus nun alles im Wasser aufzulösende geschieden, wog nach dem Trocknen (welches schwer hielt) 371 Gran, ich legte ihn mit A bezeichnet einstweilen zur Seite.

Vierter Versuch.

Bey obigen Versuchen erhaltene wässerichte Extraktionen wurden zusammengemischt; da diese Mischung sehr trübe war, stellte ich sie 24 Stunden an einen kühlen Ort, indeß behielt sie, ungeachtet sich ein bräunlicher Bodensatz abgesondert hatte, das trübe Ansehen bey, und konnte nur durch oft wiederholtes Filtriren durch ungeleimtes Druckpapier klar dargestellt werden; da mir das Gewicht des Filtrums bekannt war, so fand ich das des Ueberbleibsels nach Abzug des Filtrums 13 Gran, welche zu dem Rest A im dritten Versuche gelegt wurden; folglich enthielt dieser Auszug 576 Theile des angewandten Opiums gelöst.

Weil ich schon vorhin in dieser Zeitschrift die Mohnsäure (Acidum papavricum) berührt habe, so werde ich auch hier zuerst wieder auf selbige zurückführen, und nebst der Bereitung einige ihrer Charaktermerkmale angeben.

Fünfter Versuch.

In dieser Hinsicht goß ich zu dem heißen wässerichten Opiumauszuge des vierten Versuches, um die allenfalls freye Säure zu sättigen, und den Körper, wie die Prüfung mit Reagentien zeigt, abzuscheiden, so lange ätzendes Ammoniak in kleinen Portionen, bis durch den Geruch ein Ueberschuß bemerkt wurde. Hierbey entstand ein häufiger grauer Niederschlag. Um diesen von dem Flüssigen zu trennen, brachte ich die ganze Mischung auf ein gewogenes Filtrum, süßte den rückständigen Präzipitat mit der erforderlichen Menge Wasser wohl aus, und trocknete ihn nachher bey gelinder Wärme; er wog 118 Gran und wurde mit B gezeichnet zuförderst hingelegt.

Sechster Versuch.

Die hierbey erhaltene Flüssigkeit roch merklich nach Ammoniak und sezte nach Verlauf einer Stunde einen pulverförmigen Körper ab*); beym ersten Anblick hielt ich diesen mit dem vorhin (Versuch 5) abgeschiedenen für analog, seine weißere Farbe und das größere specifische Gewicht verriethen aber, daß er andern Ursprungs sey. Von diesem Bodensaze wurde das Flüssige durch Dekantation getrennt, und in einer porcellainen Schale vermittelst des Wasserbades so lange erhizt, bis ein darüber gehaltenes Glasstäbchen mit konzentrirter Essigsäure benetzt keine Wolken mehr hervorbrachte; sodann in ein Glasfläschchen gegossen, und zum Erkalten hingestellt. Durch diese Operation hatte sich die Flüssigkeit um die Hälfte ihres Volumens vermindert; während dem Erkalten sezte sie noch etwas von dem erwähnten weißen Pulver ab, welches zu dem obigen gelegt wurde.

Siebenter Versuch.

Vorige Flüssigkeit rauchte ich auf Art des sechsten Versuches bis zur Konsistenz eines dünnen Zuckersaftes ab; nach dem Er-

---

*) Bisweilen setzen sich an den Seiten des Gefäßes kleine braune Krystalle an, welche der abgeschiedenen Substanz im vorigen Versuche ganz ähnlich, und mit dieser nicht zu verwechseln sind.

kalten bemerkte ich nur einen sehr geringen Antheil des gedachten weißen Präcipitats, aber nicht die geringste Spur einer Krystallisation, daher wurde alles zur Trockne abgeraucht, die Abrauchschale nebst dem darin befindlichen trocknen Extrakte wurde gewogen, nach Abzug der erstern ergab sich das Gewicht des leztern zu 402 Gran. Dieser Extrakt war dem in Officinen unter dem Namen extractum opii aquosum vorkommenden ziemlich ähnlich, nur wirkte er nicht so heftig auf die Geschmacksorgane, sondern schmeckte rein bitter, fast wie der eingedickte Auszug der Gentiana Centaurium. Enthielte nun die wässerichte Extraktion des vierten Versuches Mohnsäure, so mußte diese aller Wahrscheinlichkeit nach in dem trocknen Extrakte des vorigen Versuches als mohnsaures Ammoniak (Ammonium Papavricum) enthalten seyn.

Achter Versuch.

Daher wurden die 402 Gran Extrakt in Wasser gelöst, und eine Zeitlang hingestellt, wobey ganz unten auf dem Boden des Gefäßes dem Augenmaße nach 1 bis $1^1/_2$ Gran des weißen Körpers und über diesem etwas braune Materie gefunden wurde. Leztere hatte ganz den Charakter des oxydirten Extraktivstoffs, beyde wurden so gut wie möglich von einander getrennt, die übrige Flüssigkeit bot mir folgendes dar:

Neunter Versuch.

Aetzendes Kali hinzugemischt entband Ammoniak, denn darüber gehaltene Salzsäure bewirkte einen obschon schwachen Nebel.

Zehnter Versuch.

Salzsaures Eisen mit überschüssiger Säure brachte eine röthliche Farbe hervor. Diese beyden Versuche beweisen zwar die Gegenwart des Ammoniaks, und die wahrscheinlich an dasselbe gebundene Mohnsäure, aber nicht so auffallend, wie ich vermuthete, es schien also ein Verlust an mohnsaurem Ammoniak Statt zu finden, welcher vielleicht durch das Abrauchen oder durch eine andere Ursache hervorgebracht wurde, denn die Flüssigkeit war hier sehr konzentrirt, und mußte daher auch jene Erscheinungen in einem höhern Grade zeigen. Jetzt zog der weiße Bodensatz der Versuche 6, 7 und 8 meine Aufmerksamkeit zu sich hin. Obschon es nicht wohl zu vermuthen war, daß eine Pflanzensäure mit dem Ammoniak eine so schwer auflösliche Verbindung eingehen würde, so unternahm ich doch mit demselben folgende kleine Untersuchung.

Eilfter Versuch.

Dieser Bodensatz wurde gesammelt, mit kaltem destillirtem Wasser einigemal abgespült und zwischen weißem Fließpapier auf einem Stubenofen getrocknet. Unter dieser Zeit ging mir durch Zufall ein Theil verloren, so daß ich nur 10 Gran behielt, diese stellten zerrieben ein weißes weich anzufühlendes Pulver dar, das weder Geruch noch Geschmack besaß. Dieser Körper hatte folgende Eigenschaften:

Zwölfter Versuch.

1) Mit ätzender Kalilauge übergossen wurde viel Ammoniak entbunden, welches nicht allein durch die bekannten Prüfungsmittel, sondern auch durch den Geruch bemerkt wurde. 2) Eben so verhielt sich ätzender Baryt und Kalk. 3) Verdünnte Schwefelsäure löste ihn selbst in der Kälte gänzlich auf. 4) Essigsäure wirkte nicht merklich auf ihn. 5) In vielem Wasser löste er sich durchs Kochen bis auf einen geringen Rückstand auf; diese heiße Lösung veränderte weder das Lakmus- noch Gilbwurzelpapier. 6) In einem silbernen Löffel erhitzt stieß er einen weißen dicken Dampf aus, und verflüchtigte sich so bis auf einen sehr geringen Rückstand, welcher der Untersuchung nach aus Thonerde und etwas weniger schwefelsaurem Kalk bestand.

Aus diesem ergibt sich nunmehr, daß dieser schwer aufzulösende Körper blos mohnsaures Ammoniak mit etwas Thonerde und Gips vermischt war.

Dreyzehnter Versuch.

Nun suchte ich die Mohnsäure aus ihrer Verbindung rein darzustellen; in dieser Absicht verschaffte ich mir zuerst eine Portion mohnsaures Ammoniak, dieses wurde, um ihm die beygemischten Theile zu entziehn, so lange mit Wasser digerirt, bis die abfiltrirte Flüssigkeit auf Eisensolution nicht mehr reagirte, sodann sezte ich

Vierzehnter Versuch.

zu der heißen Auflösung essigsaures Bley, worauf gleich ein ziemlich häufiger Niederschlag erfolgte. Dies wurde zusammen auf ein Filtrum geschüttet. Die durchlaufende Flüssigkeit wurde weder von essigsaurem Bley noch von Eisenauflösung geändert. Ein Beweis, daß die Mohnsäure abgeschieden war.

Funfzehnter Versuch.

Das auf dem Filtrum befindliche mohnsaure Bley wurde mit destillirtem Wasser hinreichend ausgesüßt, und tropfenweise mit diluirter Schwefelsäure behandelt. Die abtriefende Flüssigkeit war zuerst ohne Farbe, als ich aber fortfuhr, Schwefelsäure hinzuzutröpfeln, wurde sie schwachröthlich, schmeckte sauer, und verhielt sich jetzt gegen Reagentien wie folgt:

1) Lakmus und Veilchentinktur wurde stark geröthet.
2) Salzsaurer Baryt ließ nicht die geringste Veränderung bemerken.
3) Baryt in destillirtem Wasser gelöst, erzeugte gleich einen beträchtlichen Niederschlag, welcher aber in Salpetersäure vollkommen aufgelöst wurde.
4) Essigsaures Bley verhielt sich eben so, nur war der Bodensatz voluminöser.
5) Eisenauflösung wurde dunkelroth gefärbt.
6) Mit kohlensaurem Ammoniak brauste sie auf und ließ kurz nachher ein weißes Pulver (mohnsaures Ammoniak) fallen. Aus diesem erhellet, daß diese flüssige Monsäure keine Schwefelsäure enthält.

Sechszehnter Versuch.

Ich rauchte die noch übrige Flüssigkeit (Mohnsäure) wechselsweise ab, und ließ sie jedesmal wieder erkalten; ich erhielt hierdurch zwar keine Krystalle, zulezt blieb aber ein körniges Wesen zurück, welches vermuthlich krystallisirte Mohnsäure war; die geringe Menge erlaubte es mir aber nicht, fernere Versuche damit anstellen zu können. — Auch läßt sich kürzer nach folgenden Versuchen die Mohnsäure bereiten.

Siebenzehnter Versuch.

Ein Theil Opium wurde mit einer Mischung aus $3\frac{1}{2}$ Theil Wasser und eben so viel Alkohol stark digerirt und nachdem sich das gröbere abgesezt hatte, filtrirt.

Achtzehnter Versuch.

Eine Portion dieser Tinktur wurde mit Wasser verdünnt und so lange essigsaures Bley hinzugemischt, als noch ein Niederschlag erfolgte. Dieser (mohnsaure Bley) wurde mit heißem Wasser gut ausgesüßt und durch verdünnte Schwefelsäure zersezt, die erhaltene Mohnsäure war braun und enthielt Schwefelsäure; ich reinigte sie nach der unten beschriebenen Methode.

Neunzehnter Versuch.

Zu einer Quantität der oben bey Versuch 17 gemachten Extraktion goß ich so oft starke Barytauflösung (ätzenden Baryt in kochendem Wasser gelöst) bis kein Bodensatz mehr zu bemerken war. Dieser wurde, um ihm die noch anklebenden extraktartigen Theile zu entziehn, mit wässerichtem Weingeist digerirt, sodann durch Schwefelsäure zersezt. Die Säure, welche ich hierdurch bekam, war bey weitem nicht so braun wie die vorige.

Zwanzigster Versuch.

Einige Unzen derselben Flüssigkeit (17. Versuchs) vermischte ich, ohne sie vorher zu verdünnen, mit essigsaurem Baryt; den erzeugten Niederschlag (mohnsauren Baryt) behandelte ich wie zuvor.

Diese durch die drey vorhergehenden Versuche gewonnene Mohnsäure kann man nicht als rein betrachten, denn sie ist immer mehr oder weniger von beygemischtem Extraktivstoffe gefärbt, und enthält, wenn man nicht genau zu Werke gegangen ist, Schwefelsäure; um sie nun zu reinigen, wird erfordert, daß man die saure Flüssigkeit entweder mit Kali, Ammoniak oder Baryt sättigt, wo alsdann die entstandenen mohnsauren Salze vermöge ihrer schweren Auflösbarkeit in der Flüssigkeit, wenn selbige nicht zu sehr verdünnt ist, als ein weißliches Pulver zu Boden fallen; diese werden gesammelt und mit wenigem kaltem Wasser abgespült, sodann im ersten Falle als das mohnsaure Kali oder Ammoniak durch essigsauren Baryt oder essigsaures Bley zerlegt, und dieses wieder durch Schwefelsäure, lezteres als der mohnsaure Baryt wird gleich wie vorhin durch Schwefelsäure zerlegt.

Dieses Verfahren, nämlich die Mohnsäure aus dem Opiumextrakte durch ätzenden oder essigsauren Baryt zu scheiden, scheint mir das zweckmäßigste zu seyn, weil diese Verbindung im Wasser schwer auflöslich und den Extraktivstoff in der Flüssigkeit zurückläßt.

Doch muß man hierbey berücksichtigen, daß die Opiumextraktion klar und konzentrirt nicht mit bloßem Wasser, sondern nach Versuch 17 zur Hälfte mit Alkohol gefertigt seyn muß. Der Grund hiervon wird sich weiter unten zeigen.

Auch kann man aus einem Opiumaufguß zuerst mit Ammoniak oder Kali den schon erwähnten Körper fällen, dann zu der Flüssigkeit essig- oder salzsauren Baryt setzen und mit dem Bodensatze wie vorher verfahren. Noch besonders ist zu merken, daß man sich bey Bereitung der Mohnsäure eisenfreyer Scheidungsmittel bediene, weil sonst dieselbe unvermeidlich eine röthliche Farbe bekommt. Selbst der Eisengehalt der Filtrierpapiere ist hinreichend ihr diese Farbe zu ertheilen.

Die Mohnsäure besizt folgende Eigenschaften:

Sie ist ohne Geruch, schmeckt sauer, röthet die Lakmus- und Veilchentinktur, zersezt das Schwefelkali, und die Seifenauflösung braust mit kohlensauren Kalien und Erden auf, und bildet mit diesen fast durchgehends pulverförmige, im Wasser schwer auflösliche Salze, welche auch oft in kleinen unregelmäßigen Krystallen anschießen. Sie schlägt den im Wasser gelösten Baryt, indem sie sich damit verbindet, nieder; auch die Kalklösung (Kalkwasser) wird, wenn sie sehr konzentrirt ist, davon getrübt. Die neutralen Baryt- Strontian-Kalk und erdigten Salze, namentlich die Salpeter-Salz- und Essigsäure werden durch sie nicht zersezt, ist sie aber an Kali gebunden, so erfolgt allerdings eine wechselsweise Zersetzung; es fallen nämlich die entstandenen mohnsauren Verbindungen in der Flüssigkeit zu Boden. Auch werden einige Metallauflösungen durch die freye Mohnsäure zersezt, als salpeter und essigsaures Bley, und einfache salzsaure Zinne und vorzüglich die Eisensalze [ausgenommen das hydrothion- und blausaure Eisen] (lezteres ist aber noch näher zu untersuchen). Diese werden nicht niedergeschlagen, sondern es entsteht nur eine braunrothe Farbe, die um so stärker ausfällt, je mehr das Eisen oxydiert ist. Dies ist sogar bey einer Säure, worin das Eisen kaum den 0,01 Theil beträgt, deutlich zu bemerken. Die Eisensolution mit einem Ueberschuß von Säure ist also ein sicheres Mittel, um die Mohnsäure zu entdecken, und umgekehrt. Dieses wenige wird hinreichend seyn, die Mohnsäure von andern hinlänglich unterscheiden zu können. Gerne hätte ich meine Versuche hierüber weiter ausgedehnt, und die Bestandtheile dieser Säure zu bestimmen gesucht, wenn es meine Geschäfte erlaubt hätten. Einigen unvollkommenen Versuchen nach, besteht sie aus Wasserstoff, Kohlenstoff und Sauerstoff. Vorhin gab ich in diesem Journale eine Methode an, durch Opiumtinktur das blausaure Kali vom Eisen zu befreyen, ich habe dieses mit der reinen Mohnsäure wiederholt, es wollte mir aber nicht gelingen, das Eisen abzuscheiden.

Da ich mich nun durch die vorhergehenden Versuche fest überzeugt hatte, daß die Mohnsäure auf die blauen Pflanzenpigmente wie eine jede andre Säure wirkte, so schloß ich auf das Daseyn eines anderen Stoffes, durch welchen die ebenerwähnten Farbenveränderungen hervorbebracht wurden, und schritt daher zur Aufsuchung dieses Wirkenden.

Zuerst suchte ich den Niederschlag, welchen Kalien in dem Opiumaufgusse hervorbrachten und den ich anfänglich für eine Erdart oder eine mohnsaure Verbindung hielt, näher kennen zu lernen.

Ein und zwanzigster Versuch.

Die aus der wässerichten Extraction des Versuches 15 geschiedene Substanz B stellte eine grauliche sehr zerreibliche Masse dar, welche zwischen den Zähnen knirschte und auf der Zunge einen auffallenden specifischen Geschmack erregte, wobey ich zugleich nach einiger Zeit eine Unbehaglichkeit verspürte. Leztere Eigenschaften leitete ich indessen von Harztheilen her, welche diesem Körper vielleicht adhärirten, indem ich nach mehreren Auctoren diese für den wirkenden Theil des Opiums ansah.

Zwey und zwanzigster Versuch.

Um dieser Substanz das vermeintliche Harz zu entziehen, behandelte ich einen Theil derselben mit wasserfreyem Weingeist, dieser färbte sich schon in der Kälte ziemlich stark; nun wurde Wärme angewandt; ehe noch die Mischung den Siedepunkt erreichte, löste sich das mehrste auf; diese Lösung röthete blaue Pflanzenpigmente nicht merklich, zerstörte aber einige derselben fast gänzlich.

Drey und zwanzigster Versuch.

Zu dieser Lösung wurde so viel Wasser gegossen, daß sich erstere zu lezterm dem Volumen nach wie 1, 5 verhielt; es sonderte sich alles, was aufgelöst war, in Form grauer Flocken wieder ab.

Vier und zwanzigster Versuch.

Den noch übrigen Theil des 21sten Versuches suchte ich durch Kochen im Wasser aufzulösen, es war aber ohne Erfolg; die heiß filtrirte Flüssigkeit sezte zwar beym Erkalten etwas ab, das ich aber nicht in Anschlag bringe, denn es ist zu vermuthen, daß dieses mechanisch mit durchs Filtrum geführt wurde; auch deutete das Ueberbleibsel auf keinen merklichen Verlust.

Fünf und zwanzigster Versuch.

Die vorige Substanz, worauf kochendes Wasser keine Wirkung äußerte, wurde in einem Gläschen mit etwas konzentrirter Essigsäure übergossen und gelinde erhitzt. Hierdurch wurde fast alles aufgelöst, diese klare Lösung besaß einen ähnlichen Geschmack, wie die frisch abgeschiedene Substanz des 22sten Versuchs, doch in einem weit höhern Grade; sie wurde mit Wasser verdünnt, ich konnte aber keine Trübung bemerken. Um das Aufgelöste wieder zu scheiden, wurde so lange Ammoniak hinzugefügt, bis kein Niederschlag mehr erschien; dieser verhielt sich gerade so, wie vor der Auflösung.

Schon aus diesem wenigen scheint zu erhellen, daß dieser Körper weder Erde, Gluten noch Harz; sondern ein ganz eigener Stoff sey.

Nunmehr zweifelte ich an der Angabe, daß die große Reizbarkeit, welche der Mohnsaft auf den thierischen Organismus äußert, in den harzigten Theilen liegen sollte, und ahndete vielmehr den Grund dieser Erscheinung in dem zulezt genannten Stoffe. Dieses wurde um so wahrscheinlicher, indem ich es mir nicht ganz ohne Hinderniß erklären konnte, woher das wässerichte kalt bereitete Opiumextrakt seine Wirksamkeit erhielt, da doch in demselben nur äußerst wenig Harz zu finden ist. Es blieb mir nun noch zu untersuchen übrig:

a) Wie dieser Körper innerlich gegeben auf lebende Animalien wirkte.
b) Wie er sich in chemischer Hinsicht gegen Reagentien, z. B. Kalien, Säuren u. s. w. verhielt.

Sechs und zwanzigster Versuch.

Sechs Gran der rohen Substanz, so wie sie aus einer wässerichten Opiumextraktion geschieden, wurden in drey Quentchen Alkohol durchs Kochen aufgelöst, mit etwas Zuckersaft vermischt, einem anderthalbjährigen gesunden Hunde eingegeben. Um ihn desto genauer beobachten zu können, wurde er eingesperrt. Anfänglich war an ihm nichts als Unruhe zu bemerken, doch blieb er munter; schon nach einer halben Stunde stellten sich sichtbare Spuren zum Schlafe ein, und nicht selten machte er sogar beym Stehen Miene zum Umfallen. Nachdem er so einige Zeit zugebracht hatte, fing er an zu brechen, welches ihm Erleichterung zu verschaffen schien. Eine Stunde nachher wurden demselben Hunde noch 6 Gran wie vorher beigebracht, aber kurz darnach gab er alles wieder von sich.

Sieben und zwanzigster Versuch.

Ich gab ihm noch drey Gran mit Gummischleim abgerieben, aber auch dieses war ohne Erfolg, denn er brach es gleich wieder aus. Die Neigung zum Schlafe verließ ihn indeß nicht, wiewohl er dem Augenscheine nach alles wieder ausgewürgt hatte. Nach Verlauf einiger Stunden kündigte er oft seine mißliche Lage durch ein dumpfes Winseln an; auch bemerkte ich konvulsivische Bewegungen am Gesichte und den Lendenmuskeln und ein Zittern am ganzen Körper, welches ungefähr 4—6 Stunden dauerte. Während dieser ganzen Periode zeigte er Abscheu gegen alle Speisen und fortdauernd großen Hang zum Schlafe, selbst nach einigen Tagen kränkelte er noch fort; wahrscheinlich hätte er noch schlimmere Zufälle bekommen, und wohl gar mit dem Tode geendigt, wenn nicht die schaffende Natur durch Ausleerung vorgebeugt hätte.

Hieraus fließt mehr als wahrscheinlich, daß dieser Körper der eigentliche betäubende Grundstoff des Opiums ist; um aber allen Zweifel zu entfernen, suchte ich ihn möglichst rein darzustellen, damit nicht Harz oder Extraktivstoffe eine versteckte Rolle spielen möchten.

Acht und zwanzigster Versuch.

Eine Portion 118 Gran der schon erwähnten Substanz wurde mit 8 Unzen Alkohol übergossen und einige Zeit gekocht; die Auflösung erfolgte bis auf einen geringen Rückstand, worauf ich hernach wieder zurückkommen werde.

Neun und zwanzigster Versuch.

Diese geistige Lösung hatte eine braune Farbe und schmeckte äußerst penetrant, ich schüttete sie noch heiß in ein Glas und stellte dies an einen ruhigen Ort; nach einiger Zeit zeigten sich krystallinische Punkte und ein rostfarbiger Niederschlag. Um die Krystallbildung nicht zu stören, ließ ich alles noch einige Tage stehen. Nach Verlauf dieser Zeit wurde das Flüssige nebst dem Bodensatze abgegossen, die Krystalle mit Alkohol abgespült, und da sie den Seiten des Glases adhärirten, mit demselben getrocknet. Diese Krystalle hatten ein glänzend schmuziges Ansehen, äußerten auf die Geschmacksorgana fast gar keine Wirkung, und zeigten sich unter der Lupe als unregelmäßige hin und wieder zusammengehäufte Prismen: der eben erwähnte Niederschlag löste sich in Alkohol durch Sieden auf und gab beym Erkalten dieselben Krystalle.

Dreyßigster Versuch.

Die noch übrige Flüssigkeit des 29sten Versuchs wurde langsam verdunstet, es bildeten sich noch einige Krystalle, welche aber zu sehr von der rückständigen Flüssigkeit umhüllt waren, um sie bequem trennen zu können, daher wurde Wasser hinzugesezt, durch dies schied sich etwas Harz ab.

Ein und dreyßigster Versuch.

Diese Flüssigkeit, welche wenig Geistiges mehr enthielt, wurde abgeraucht, wodurch noch etwas Harziges abgeschieden wurde. Beym fortgesezten Abrauchen hinterließ sie ein braunes bitteres, dem Extraktivstoffe ganz ähnliches Wesen.

Zwey und dreyßigster Versuch.

Die braune Substanz, welche im Versuche 30 durch Wasser abgesondert war, digerirte ich so oft mit starker Essigsäure, als diese noch Geschmack enthielt; den Rückstand, worauf die Säure keine Wirkung mehr zeigte, brachte ich an einen erwärmten Ort, um ihn zu trocknen; er blieb aber trotz einer ziemlichen Wärme weich wie Pech, dieser Körper war braun, hatte einen kaum merklichen specifischen Geschmack und Geruch, löste sich in Alkohol gänzlich auf und brennte einer Flamme genähert mit schwacher Flamme, er verhielt sich also wie Harz von besonderer Natur.

Drey und dreyßigster Versuch.

Aus der bey vorigen Versuchen angewandten Essigsäure schied ich durch Ammoniak ein graues Pulver, welches in Alkohol gelöst zu Krystallen von der nämlichen Form anschoß. Diese Krystalle nebst denen der vorigen Versuche wogen 29 Gran.

Vier und dreyßigster Versuch.

Der Theil des Präcipitats (Versuch 28), welcher in Alkohol unauflösbar war, wurde mit etwas Wasser in Digestion gesezt, ich erhielt hierdurch eine dunkle bittere Flüssigkeit, welche mit Alkohol vermischt nicht trübe wurde. Mit Eisensolution entstand gleich eine rothe Farbe. Hierbey widerstand ein kleiner Theil des verbrauchten Präcipitats der Einwirkung des Wassers. Dieser Rückstand wurde mit verdünnter Schwefelsäure übergossen, worin er sich gänzlich auflöste; diese Lösung zersezte ich nachher durch kohlenstoffsaures Natrum, es fiel eine bräunliche Materie zu Boden, welche sich wie Thonerde mit Gluten gemischt verhielt, die Flüssigkeit behielt aber ihre braune Farbe und schmeckte ziemlich bitter; folglich war dies eine Verbindung aus Thonerde, Gluten und Extraktivstoff*).

Mithin bestanden diese 118 Gran aus wässerichtem Opiumextrakte, durch Ammoniak geschiedene Substanz aus Extraktivstoff, einem zähen Harze, mohnsaurem Ammoniak, Gluten, nebst einer Verbindung aus Thonerde und Extraktivstoff und 29 Gran eines krystallisirbaren Körpers von ganz eigener Beschaffenheit.

Fünf und dreyßigster Versuch.

Die Krystalle des 33. Versuches wurden von Neuem mit Alkohol gelöst und zur Krystallisation befördert; sie hatten getrocknet ein weißliches glänzendes Ansehen, keinen Geruch, und nur dann, wenn sie zu Pulver gerieben worden, einen bittern Geschmack. Ein Theil erforderte 18 bis 19 Theile Alkohol zur Auflösung, woraus sich beym Erkalten fast alles wieder in schönen Krystallen absonderte. Diese geistige Lösung benahm der Veilchen- und Heidelbeerentinktur u. s. w. ihre Farbe, das mit den Krystallen gekochte Wasser erhielt einen bittern eigenen Geschmack, röthete die Lakmustinktur nicht, und sezte nach dem Erkalten etwas ab, Schwefeläther äußerte dieselbe Wirkung wie der Weingeist. Aetzlauge, worin sich das Kali 3 : 13 verhielt, löste sie durchs Erwärmen auf, sezte aber sowohl beym Hinzugießen des Wassers als auch beym Erkalten den größten Theil wieder ab. Die mehrsten Säuren lösten sie in der Wärme, einige auch in der Kälte auf. Diese scheinen damit eine salzartige Verbindung einzugehen. So bemerkte ich, daß die in Säure gelöste Substanz durch ätzendes Ammoniak oder Kali unverändert gefället wurde, nahm ich aber statt dessen kohlensaures, so sezte sich ein ähnlicher Körper ab, der aber mit Säuren aufbrauste und sich in Alkohol schwerer auflöste. Auch die heiße Auflösung dieser Substanz in Essigsäure sezte beym Erkalten Krystalle von ganz anderer Form ab, welche gleichfalls in Alkohol schwer aufzulösen waren. Diese sehe ich für eine essigsaure,

---

*) Es wäre zu wünschen gewesen, daß der Verfasser hier beschrieben hätte, durch welchen Versuch er bestimmt wurde, anzunehmen, daß der Niederschlag eine Verbindung von Thonerde und Gluten war.   d. Herausgeber.

jene für eine kohlensaure Verbindung an, doch bedarf dies erst einer genauern Untersuchung, ehe sich etwas Bestimmtes darüber sagen läßt.

Sechs und dreyßigster Versuch.

Sechs Gran der reinen Krystalle wurden in Alkohol gelöst und mit Zuckersaft vermischt, einem erwachsenen zarten Hündchen eingegeben. Schon nach 10 Minuten bemerkte ich dieselben Symptome, wie beym 26. Versuche, doch etwas stärker; nicht lange nachher fing er auch an sich zu würgen, welches aber nicht viel zu seiner Genesung beytrug, daher brachte ich ihm mit Gewalt Gegenmittel bey, worauf er sich gleich wieder erholte, und fast so munter wie vor dem Genusse wurde. Weil das in zu großer Menge gegebene Opium bey Thieren eine ähnliche Wirkung hervorbringt, so konnte ich auch hier leicht schließen, daß diese Gabe zu stark war, darum änderte ich mein Verfahren auf folgende Art:

Sieben und dreyßigster Versuch.

Zwölf Gran derselben Krystalle wurden in Alkohol durchs Kochen aufgelöst, diese Lösung goß ich noch heiß in ein Glas, worin etwas Zuckersaft befindlich war, und schüttelte selbiges stark um (weil sich sonst das Aufgelöste in Krystalle wieder abscheidet). Nachdem nun der vorige Hund ganz wieder hergestellt war, gab ich ihm zuerst den 24sten Theil dieser Mischung mit wenig Wasser, welches also $1/2$ Gran des aufgelösten Körpers entsprach, und so stieg ich, aber immer mit verdoppelter Dosis, in einem Zeitraume von 6 Stunden bis die Mischung gänzlich verbraucht war. Schon nach der zweyten Gabe bemerkte man an ihm Schläfrigkeit und Abneigung gegen Speisen, welches wie beym zuerst gebrauchten Hunde stufenweis zunahm; nämlich er bekam Schwindel, Zittern, Konvulsionen, u. s. w. nur mit dem Unterschiede, daß dieses, obschon schwache Hündchen, nicht vomirte, und daher weit stärker angegriffen wurde. Zulezt wie er sich immer mehr und mehr seiner bevorstehenden Zerstörung zu nähern schien, versuchte ich ihm schwache Essigsäure beyzubringen, weil ich ihn nicht aufopfern wollte, es war aber zu spät, denn er starb während dem Versuche.

Acht und dreyßigster Versuch.

Ein Quentchen Opiumextrakt von Konsistenz eines dicken Honigs, woraus ich zuvor durch Ammoniak den erwähnten Körper geschieden, wurde in kaltem Wasser gelöst und filtriert. Dieses liquide bittere Extrakt gab ich auf einmal einem kleinen Hündchen ein, und beobachtete ihn mehrere Stunden, allein er äußerte nicht die geringste Spur von Schlaf.

Nun lehrt uns noch die Erfahrung, daß eine geistige Opiumextraktion weit heftiger als eine wässerichte die Funktionen des thierischen Organismus afficirt, auch fand ich durch Versuche, daß die Farben der oben erwähnten Pflanzen durch erstere stärker als von lezterer zerstört wurden, es mußte sich also der größte Theil des Wirksamen, wie ich auch nachher fand, in dem durch Wasser erhaltenen Rückstande befinden.

Neun und dreyßigster Versuch.

Der Rückstand des 3. Versuches, welcher ungeachtet des starken Trocknens dennoch einen merklichen Geruch nach Opium verbreitete, brachte ich in eine kleine Phiole und übergoß ihn mit 3 Unzen Alkohol; vermöge eines Lampenfeuers wurde alles bis zum Sieden gebracht, wobey der Alkohol eine dunkelbraune Farbe erhielt; nach einem viertelstündigen Sieden wurde das Unaufgelöste durch Sedimentiren von der Flüssigkeit getrennt, diese wurde noch heiß filtriert, welches ohne Schwierigkeit geschah, denn die Flüssigkeit war beym Abgießen schon ziemlich klar. Diese geistige Extraktion A goß ich in ein kleines Zuckerglas und sezte dieses an einen ruhigen Ort.

Vierzigster Versuch.

Zu dem rückständigen Sedimente fügte ich noch 3 Unzen Alkohol und ließ dieses erst einige Zeit gelinde digeriren, nachher aber kochen, die darüber schwimmende braune Flüssigkeit wurde durch vorhin gebrauchtes Papier filtrirt und zu der vorigen A geschüttet.

Ein und vierzigster Versuch.

Der Rückstand wurde auf dieselbe Art so oft mit Weingeist behandelt, bis an demselben kein Geschmack mehr zu bemerken war, die erhaltenen geistigen Auszüge (B) wurden nicht zu der vorigen gegossen, sondern, weil sie wenig Farbe besaßen, allein aufbewahrt.

Zwey und vierzigster Versuch.

Wie ich nach 12 Stunden zu der Flüssigkeit A kam, bemerkte ich eine Menge kleiner Krystalle, die auf dem Boden des Gefäßes mit einer braunen Materie verunreinigt, an den Seitenwänden in Gestalt regelmäßiger Parallelepipeden, deren Extreme abgestumpft waren, erschienen, welche sich da, wo sie frey oder büschelförmig vereinigt waren, unter einem Winkel von 70° neigten. Auch in den zulezt gemachten Auszügen (B) waren schöne Krystalle angeschossen, obgleich ich wegen der blassen Farbe wenig aufgelöste Theile darin vermuthete. Schon beym ersten Anblicke konnte man deutlich die Verschiedenheit dieser Krystalle von denen des 29. Versuches erkennen, obschon sie jenen an Farbe und Lage fast gleich kamen, denn ihre Form war durchgehends regelmäßiger und viel länger, so daß die größten ungefähr 2 bis $2\frac{1}{2}$ Linien Länge und $\frac{1}{3}$ Linien Breite hatten, da jene kaum $1\frac{1}{2}$ Linie lang aber fast $\frac{2}{3}$ breit waren; 26 Theile kochender Alkohol löste einen Theil dieser Krystalle gänzlich auf, diese Lösung färbte die Eisensolution ziemlich roth, lezteres beweist also in demselben die vorhandene Mohnsäure.

Drey und vierzigster Versuch.

Ich goß die übrige geistige Flüssigkeit der vorigen Versuche in eine passende Retorte, fügte eine Vorlage an, und destillirte so viel Geistiges herüber, daß der sechste Theil in der Retorte zurückblieb. Das Destillat hatte keinen Beygeschmack, nur einen kaum merklichen Opiumgeruch, es war also unveränderter Weingeist.

Vier und vierzigster Versuch.

Der Rückstand wurde aus der Retorte in ein anderes Gläschen geschüttet, und selbige mit Alkohol gut ausgespült, nach einigen Tagen hatten sich noch einige Krystalle gebildet, welche aber wegen des anklebenden Harzes nicht gesammelt werden konnten.

Fünf und vierzigster Versuch.

Die zurückgebliebene Flüssigkeit wurde mit einer zureichenden Quantität Wasser vermischt, worauf gleich eine dünne bräunliche harzige Materie abgeschieden wurde, ich sammelte diese mittelst eines Filtrums und wusch sie mit Wasser ab, sie besaß einen Geruch, fast wie gedörrte Fische, einen bittern Geschmack und ungefähr die Dicke eines dünnen Terpentins.

Sechs und vierzigster Versuch.

Ich digerirte sie zu wiederholten Malen mit verdünnter Schwefelsäure, bis diese keinen bittern Geschmack bekam. Hierauf wurde diese saure Flüssigkeit mit Ammoniak gesättigt, wodurch ich einen grauen Präcipitat erhielt, welcher durch die bekannte Behandlung sich in Alkohol bis auf etwas Weniges löste und aus diesem zu Krystallen anschoß.

Sieben und vierzigster Versuch.

Die flüssige Materie des 45. Versuches hatte wenig von ihrer vorigen Beschaffenheit verloren, nur war sie viel flüssiger und fast ohne Geschmack. Diese balsamartige Substanz löste sich in Alkohol vollkommen, in Wasser aber gar nicht auf; in einem Löffel erhitzt, floß sie wie Oel, verbrannte dann mit lebhafter Flamme, einem besondern nicht angenehmen Geruche, und hinterließ wenig Kohle.

Acht und vierzigster Versuch.

Ein Quentchen dieses Balsams wurde mit Gummischleim abgerieben und mit Wasser vermischt einem Hunde eingegeben, er wurde aber nicht im geringsten krank davon.

Neun und vierzigster Versuch.

Um die Krystalle der Versuche 42 und 46 von dem beygemischten Harze und der Mohnsäure zu befreyen, wurden sie mit sehr verdünnter Schwefelsäure gelinde digerirt; diese schwefelsaure Lösung zersezte ich durch Ammoniak; der entstandene Niederschlag wurde in siedendem Alkohol gelöst und zur Krystallisation befördert. Die erhaltenen Krystalle waren nicht allein der äußern Form nach, sondern auch in allen den erwähnten Eigenschaften jenen aus dem Opiumextrakte geschiedenen vollkommen gleich. Woraus sich folgern läßt, daß dieser Körper durchgehends(?) im Opium an die Mohnsäure gebunden ist; da aber diese Verbindung schwer im Wasser aufzulösen ist, so scheint hier ein Ueberschuß von Säure dieses zu begünstigen, d. h. wodurch ein Theil im Wasser auflöslich wird, dieser Ueberschuß ist aber zu gering, um alles aufzulösen; will man dieses bewerkstelligen, so darf man nur Mohn- oder eine andere Säure hinzusetzen.

Funfzigster Versuch.

Das Harz, welches im vorigen Versuche bey Reinigung der Krystalle übrig blieb, war schwarz und zäh, hatte wenig Geruch und Geschmack. Die Zähigkeit rührt wohl ohne Zweifel von eingemischten Balsamtheilen her, denn diese Körper sind schwer von einander zu trennen, indem sie in gleichen Mitteln lösbar sind, auch brachte dieses Harz bey einem kleinen Hündchen keine anschauliche Wirkung hervor.

Ein und funfzigster Versuch.

Um zu erfahren, ob der flüchtige stark riechende Stoff des Opiums bey Thieren schädliche Wirkungen hervorbrächte, brachte ich Opium und Wasser in eine Phiole zum Sieden und verband hiermit eine krumme Glasröhre, die sich durch kaltes Wasser abgekühlt unter einem Recipienten, worin eine Maus befindlich war, endigte. Nach einiger Zeit wurde die Maus herausgenommen und so munter wie vorher befunden.

Zwey und funfzigster Versuch.

Der mit Wasser und Alkohol extrahirte Rückstand des 41. Versuches wurde mit Schwefeläther bis zum Sieden erhitzt, ich erhielt hierdurch eine braune Flüssigkeit, welche mit Wasser gemischt eine braune zähe, dem Kautschuck ähnliche Materie fallen ließ; Herr Bucholz war bekanntlich der erste, der diesen Körper im Opium fand.

Drey und funfzigster Versuch.

Den Rest behandelte ich zu wiederholten Malen in der Wärme mit dilurirter Schwefelsäure; diese wurde nachher mit kohlensaurem Natrum gesättigt, wobey sich ein graulich schleimichtes Wesen absonderte, welches mit dem Gluten viel Aehnlichkeit hatte, bey Thieren aber keinen Anschein von Unpäßlichkeit veranlaßte. Diesem zufolge besteht das Opium aus folgenden Theilen, welche der Quantität nach für diese Sorte Opium ungefähr in folgendem Verhältnisse stehen:

Extraktivstoff mit gummichten Theilen gemischt;
Balsamartige Materie;
Schlafmachendes Princip;
Mohnsäure;
Harz;
Gluten;
Kautschuck;
Schwefelsaurer Kalk;
Thonerde;

Nebst einem starkriechenden flüchtigen Stoff, und dem oft beträchtlichen Ueberreste, welcher größtentheils aus verhärtetem Pflanzen-Eyweiß, Faserstoff und Unreinigkeit zu bestehen scheint.

Hieraus glaube ich mit Gewißheit schließen zu dürfen, daß die große Reizbarkeit des Opiums nicht von Harz- oder Extraktivtheilen, sondern von diesem besondern krystallisirbaren Körper herzuleiten ist. Ich werde ihn zum Unterschiede von dem hypothetisch angenommenen narkotischen Stoffe, schlafmachenden Stoff (principium somniferum) nennen. Daß auch die extraktartigen, harzichten und starkriechenden Theile des Mohnsaftes Heilkräfte besitzen, ist wohl nicht zu bezweifeln, daß sie aber vieles zu dem, was das Opium so sehr empfiehlt, beytragen sollen, ist mir nach obigen Versuchen nicht sehr wahrscheinlich. Die wässerichte Opiumtinktur wirkt gar nicht so stark als die geistige, der Unterschied liegt wohl bey ersterer, theils in der Quantität des vorhandenen schlafmachenden Stoffes, theils weil derselbe sich in einem Uebermaße (?) von Mohnsäure aufgelöst befindet; bey lezterer ist dieses Hinderniß zum Theile beseitigt, indem darin der größte Theil (?) des Stoffes nur an wenig Säure gebunden ist.

Vier und funfzigster Versuch.

Vier Unzen des Rückstandes, welcher bey Verfertigung der Opiumtinktur (tinctura opii simplex) übrig blieb, wurde auf die bekannte Art mit Schwefelsäure in der Wärme behandelt, ich bekam hierdurch beynahe 20 Gran reine Krystalle des schlafmachenden Stoffes.

Fünf und funfzigster Versuch.

In einer Standflasche, worin Opiumtinktur aufbewahrt wurde, hatte sich während einigen Wintermonaten ein dicker Bodensatz abgesondert; ich verfuhr mit diesem wie beym vorhergehenden und erhielt einen beträchtlichen Theil der erwähnten Krystalle. — Aehnliche Resultate gewährte mir das mit Mallagawein extrahirte Opium.

Sechs und funfzigster Versuch.

Ich übergoß $1/2$ Unze Opium mit einer Mischung aus $1 1/2$ Unze Alkohol und eben so viel Wasser und ließ dies erst stark digeriren, zulezt aber eine halbe Viertelstunde kochen. Diese Tinktur sezte ebenfalls nach einiger Zeit in der Kälte*) einen kleinen Theil des Aufgelösten wieder ab.

Sieben und funfzigster Versuch.

Eine halbe Unze gepulvertes Opium wurde mit 14 Drachmen Alkohol und 10 Drachmen Wasser erst digerirt, nachher aber

---

*) Diese Versuche machte ich im vorigen Winter bey starkem Froste.

¼ Stunde gekocht. Diese Tinktur sezte zwar nach Verlauf einiger Monate etwas ab, aber doch weniger als alle die ebengenannten, auch konnte ich auf die vorige Art keine Krystalle aus dem Rückstande abscheiden.

Folgerungen und Bemerkungen.

Aus disem geht als Resultat hervor, daß das bekannte Verhältniß des Weingeistes zu dem Wasser in den Opiumtinkturen zu gering ist, weil immer (wenn das Opium echt ist) ein Theil des schlafmachenden Princips unaufgelöst zurückbleibt, auch fällt nach geendigter Arbeit zumal in starker Kälte wegen der zu wässerichten Lösungsmittel mehr oder weniger des genannten Stoffes mit Harz und Extraktivstoff verbunden zu Boden, und machte auf diese Weise dieses Heilmittel noch unwirksamer. Das Verfahren wäre also dahin abzuändern, daß man die Quantität des Wassers in den Opiumtinkturen um etwas verminderte, den Weingeist aber in dem Maße vermehrte und sie nachdem an einem temperirten Orte aufbewahrte (Versuch 57 kann hier als Beyspiel dienen). Daher mag es wohl kommen, daß dem Urtheile der Aerzte zufolge das Opium in Substanz sicherer und stärker als alle daraus gefertigten Präparate wirkt. Wird es ferner erwiesen, daß der schlafmachende Stoff an und für sich dieselben (wo nicht bessere[*]) Wirkungen als das Opium in der thierischen Oekonomie hervorbringt, so sind alle diese Schwierigkeiten gehoben; der Arzt hat nicht mehr mit der Ungewißheit und dem Ungefähre, worüber oft geklagt wird, zu kämpfen, er wird sich immer mit gleichem Erfolge dieses Mittels in Alkohol oder Säuren gelöst, statt der nicht immer gleichen jetzt gebräuchlichen Opiumpräparate bedienen können[**]).

Auch ist beym medizinischen Gebrauch des Opiums vorzüglich auf die in den ersten Wegen sich oft vorfindenden freyen Säuren Rücksicht zu nehmen, damit diese erst durch absorbirende Mittel neutralisirt werden, weil sonst die Wirkung des Opiums aufgehoben oder wenigstens sehr geschwächt wird. Hierbey eröffnet sich wieder dem praktischen Scheidekünstler ein neues noch wenig geebnetes Feld zur Untersuchung; denn man darf hoffen, daß sich aus

---

[*]) Man erlaube mir diesen Ausdruck, denn im Opium ist die Säure, woran dieser Körper gebunden ist, ein Gegenmittel.

[**]) Wahrscheinlich läßt sich aus der bey uns gebaueten Mohnpflanze derselbe Stoff (auch in derselben Qualität?) darstellen, welches in Rücksicht der Verbannung des ausländischen Mohnsafts einige Aufmerksamkeit verdienen könnte.

mehreren andern Vegetabilien, z. B. den sogenannten Giftpflanzen und mehrern andern Stoffe abscheiden lassen, worin ihre Wirkungen vereinigt liegen*). Obschon wir von berühmten achtungswerthen Männern genaue Analysen in dieser Hinsicht besitzen, so ist es doch möglich, daß sie jene Stoffe mit andern verwechselten oder gänzlich übersahen; denn viele dieser geschahen in dem Geiste älterer Zeiten, und noch jetzt möchte ich sagen, bietet die Untersuchung dieser Körper manches Hinderniß dar. Ja es scheint, als wenn dieser Zweig der Chemie noch nicht so sehr wie andre derselben cultivirt wäre.

Schluß.

Was ich hier über die Wirkung des Opiums und dessen Bestandtheile gesagt habe, ist lediglich dazu bestimmt, die Eigenschaft derselben in ein näheres Licht zu stellen, damit Sachkundigen Nutzen daraus zufließen möge; denn ich würde mich zu weit über meine Sphäre erheben, wenn ich die Heilkraft dieser Stoffe beurtheilen wollte; nur dasjenige, was auch den nicht Unterrichteten der Arzneywissenschaft auffällt, glaube ich hier anführen zu müssen.

Einige über die Opiumpräparate gemachte Vorschläge mögen hier so lange als nutzenlose Schattenbilder ruhen, bis sie das Prüfungsfeuer gelehrter Aerzte zu ausführbaren, dem Staate nützlichen Dingen hervorgehen läßt.

Anm. Schon war diese Arbeit geschlossen, als ich in Erfahrung brachte, daß Herr Desrosne schon früher einen krystallisirbaren Körper im Opium gefunden hätte, da mir aber grade das 1ste St. des 12n Bds. fehlte, so verschaffte ich mir dieses; nun sahe ich freylich, daß die Entdeckung dieses Körpers Desrosnen gebührt, hin und wieder bemerkte ich aber manches, wovon dieser Scheidekünstler keine Erwähnung thut, und daß derselbe oft von einem ganz andern Gesichtspunkte ausgeht, und wieder manches, worin ich ihm nachstehe.

Ich lege daher diese noch unvollkommnen Versuche meinen Lesern zur Beurtheilung dar, und wünsche, daß sie einigen Nutzen verbreiten möchten. Auch bin ich nicht geneigt zu glauben, daß der schlafmachende Stoff seine den Kalien fast ähnliche Eigenschaft von den zur Scheidung angewandten Kalien erhält, vielmehr sehe

---

*) Einiges dieser Art werde ich einst dem gelehrten Publikum mittheilen.

ich dies als eine auszeichnende Eigenschaft seiner Mischung an, hier aber kann nur eine genaue Wiederholung und Erweiterung des Vorgezeichneten entscheiden.

Nachtrag des Herausgebers.

Die Versuche des Herrn Verf. enthalten manche sehr interessante Ansichten, wofür ihm das chemische Publikum viel Dank schuldig ist. So vielfach aber nun auch die Arbeiten über das Opium sind, so darf man doch die Akten noch keineswegs als geschlossen ansehen, und es ist vielmehr zu wünschen, daß dieser Gegenstand noch weiter untersucht werden möchte, um manche noch obwaltende Dunkelheiten in ein helleres Licht zu setzen. Vorzüglich wünschte ich, daß die Versuche mit etwas großen Mengen möchten wiederholt werden.

Journal
der
Pharmacie
für
Aerzte, Apotheker und Chemisten
von
D. Johann Bartholmä Trommsdorff.

Zwanzigster Band.

Leipzig 1811.

Ueber das Opium
und
dessen krystallisirbare Substanz.

Vom

Herrn Apotheker Sertürner,

in Eimbeck.

Man hat an mehreren Orten mit der krystallisirbaren Substanz des Opiums Versuche in arzneylicher Hinsicht angestellt, und alle treffen in ihrem Urtheil dahin zusammen, daß diese Substanz selbst auf schwache Personen keine Wirkung äußere; dies befremdet mich um so mehr, da sowohl Desrosne als ich, was diesen Punkt des Opiums betrifft, übereinstimmen[*]. Hätte man Desrosne und meine Bemerkungen hierüber genauer zu Rathe gezogen, so würde sich ein anderes Resultat ergeben haben, denn man kann annehmen: daß dieser sonderbare Körper im Wasser absolut unauflöslich ist, wofür schon seine Geschmacklosigkeit in Form des feinsten Pulvers spricht, und man muß aus jenen Versuchen den Schluß ziehen, daß er darum auch der Wirkung des Magens widersteht.

---

[*] Wahrscheinlich hat der Verfasser auch hierüber Erfahrungen gesammelt — denn einzig nur diese können entscheiden. Ich muß aufrichtig gestehen, alle die mir bekannten sprechen nicht für die Wirksamkeit dieses Stoffes. Man sehe auch Pagenstecher in diesem Journ. B. 19. St. 1. S. 71.   Trommsdorff.

Soll daher diese Substanz zu dergleichen Versuchen angewandt werden, so muß sie durchaus in nicht zu wenig Alkohol oder Säure aufgelöst werden, letztere sind freylich Gegenmittel, woraus schon in weiterem Sinne hervorgeht, daß dieser Stoff, verbunden mit seiner andern Eigenschaft, sich als salzfähige Basis bezeigt.

Das wäßrige Opiumextract verdankt, meinem Urtheil nach, den größten Theil seiner Wirkung diesem in einer eigenthümlichen Säure gelösten Körper, welchen man durch Alkalien daraus abscheiden kann, wodurch es aufhört, sich wirksam zu bezeigen.

Läge die Wirkung des Opiums in harzigten Theilen — wie bei der Jalappe etc. — so müßte der wäßrige Auszug gar keine Wirkung besitzen. Nimmt man nun an, daß die Hälfte oder gar zwey Drittel dieser Substanz sich aus Mangel an Säure — Opiumsäure — im Wasser nicht auflösen können, so erhellet daraus, warum die geistigen Tinkturen mehr Kraft besitzen, da sie fast ganz aus Alkohol bestehen.

Annehmen müssen wir aber auch, und es ist höchst wahrscheinlich, daß das Harz und der Extractivstoff diese Substanz auflöslich machen, weil diese den Charakter der Acidität besitzen*), und jener Stoff sich entgegengesetzt verhält.

Ich will nicht gegen meine verehrungswürdigen Kollegen behaupten, daß nicht auch die übrigen Bestandtheile des Opiums Heilkräfte besitzen, ich sehe bis jetzt diesen Stoff aber doch als den wirksamsten an; freylich würde ich gegenwärtig mehreres gegen meine früheren Arbeiten über das Opium, welche ich in meinem zwanzigsten Jahre unternahm, zu erinnern haben, jedoch würde dieses Nebensachen, aber nicht meine Ansicht darüber im Allgemeinen treffen.

Ich sehe es nicht ein, warum man bey der gegenwärtigen commerciellen Lage des Continents nicht darauf bedacht ist, das Opium einigermaßen zu ersetzen, und sich des aus dem wäßrigen Mohnextracte bereiteten Alkoholauszugs in größeren Gaben zu bedienen, besonders da durch den Anbau des Mohns auch zugleich das Olivenöl zum Theil ersetzt wird, und das Extract der reifen Mohnkapseln eben so wirksam, als das der unreifen ist. Leider haben wir Mittel, welche durch kein Surrogat zu ersetzen sind, als: China, Galläpfel etc.

Möchte sich doch die Staatsökonomie mehr mit diesem auch in politischer Hinsicht wichtigen Zweige, wodurch immer mehr

---

*) Man vergleiche hiermit meine nächsten Arbeiten hierüber an einem andern Orte.

und mehr sich unsere Zinsbarkeit für das Ausland vermindert, befassen.

Bis jetzt hat diese Last noch größten Theils auf einzelnen Männern beruht, und es gibt wohl wenige Menschen, die durch sich selbst, und größten Theils durch eigene Opfer, so viel daurendes Gute stifteten, als die Cultoren der Chemie und der höheren Pharmacie dieses und der letzten Jahrzehnte des verflossenen Jahrhunderts.

Was wären manche Künste und Wissenschaften, und vorzüglich die Arzneykunst, wenn nicht Green, Scheele, Lavorisier etc. den Weg mühsam gebahnt hätten, und fast noch mehr leisteten die der neueren Zeit, unter denen ich nur einige der Deutschen nenne, Bucholz, Crell, Dörffurt, Gehlen, Hagen, Hermbstädt, Göttling, Klaproth, Rose, Trommsdorff, Westrumb und mehrere andere, welche ich des Raums wegen hier nicht aufzeichne. Durch ihre Kenntniß erhielten die Künste und Wissenschaften ein neues Leben, und mit ihnen begann eine neue Epoche.

ANNALEN
DER
PHYSIK,
NEUE FOLGE.

HERAUSGEGEBEN
VON
LUDWIG WILHELM GILBERT.

FÜNF UND ZWANZIGSTER BAND.

LEIPZIG 1817.

Ueber das Morphium, eine neue salzfähige Grundlage, und die Mekonsäure, als Hauptbestandtheile des Opiums,

von

SERTÜRNER,
Pharmac. zu Eimbeck im Königr. Hannover.

„Vor ungefähr 14 Jahren hat Herr Derosne, Pharmaceut zu Paris, beinahe gleichzeitig mit mir eine Analyse des Opiums unternommen, und sie in den *Annales de Chimie* t. 45. Jahrg. 1803 bekannt gemacht; unsere Resultate waren aber so verschieden und widersprechend, daß dieser Gegenstand so gut wie im Dunkel blieb. Meine Abhandlung insbesondere hat man nur wenig berücksichtigt; sie war flüchtig geschrieben, die Mengen, mit denen ich gearbeitet hatte, waren nur kleine, und Einige wollten mehrere meiner Versuche nicht mit glücklichem Erfolge wiederholt haben. Von der Richtigkeit derselben im Allgemeinen überzeugt, ob ich sie gleich in einem frühen Alter unternommen hatte, glaubte ich dieses Mißlingen in ihrem Verfahren suchen zu müssen. Um daher diese Widersprüche zu heben und die früheren Arbeiten über das Opium zu berichtigen, schritt ich zu einer zweiten Analyse dieses merkwürdigen Pflanzenkörpers, und habe das Vergnügen beinahe alle meine frühern Beobachtungen in ihrem ganzen Umfange bestätigt und mich im Besitze neuer Erfahrungen zu sehen, welche alle Zweifel zu beseitigen im Stande sind. Das Folgende wird zeigen, daß sowohl Derosne's Verfahren bei der Analyse des

Opiums, als auch seine Beobachtungen, unrichtig waren, und daß er den eigentlich wirksamen Theil des Opiums nicht kannte; denn das, was er dafür ausgab, war eine Verbindung aus diesem Stoffe, dem *Morphium*, und der *Säure des Opiums*. Ich will hier meine Erfahrungen, von denen ich überzeugt bin, daß der Chemiker und der Arzt sie nicht ohne Nutzen lesen werden, in der möglichsten Kürze mittheilen. Sie werden über die Hauptcharaktere dieser beiden Körper und die Mischung des Opiums ein helleres Licht verbreiten, und ich glaube durch sie die Wissenschaft nicht nur mit der Kenntniß einer merkwürdigen *neuen Pflanzensäure*, sondern auch mit der Entdeckung einer *neuen alkalischen salzfähigen Grundlage* zu bereichern, dem *Morphium*, einer der sonderbarsten Substanzen, welche sich mir dem Ammoniak zunächst anzuschließen scheint, und von der wir uns auch in Beziehung der übrigen Salzbasen noch manche Aufklärung versprechen dürfen. Werden hierdurch nun auch meine frühern Ansichten über das Opium und seine Bestandtheile bestätigt, so habe ich doch auch manches anders gefunden, als ich es ehemals angegeben habe, welches man meiner damaligen Jugend und den geringen Mengen, mit denen ich arbeitete, zu Gute halten wird."

Dieser Einleitung des Herrn Verfassers sey es mir vergönnt, noch einige Worte als Vorbericht von meiner Seite hinzuzufügen. Gern mache ich die mir anvertraute, in mehr als einer Rücksicht Beachtung verdienende Arbeit in diesen Annalen bekannt, denn ihr Verfasser hat sich bestrebt, sie über das Gebiet pharmaceutischer Untersuchung zu erheben und in das Gebiet der physikalischen Chemie, also in den Kreis der Wissenschaft, welchem diese Annalen bestimmt sind, zu versetzen. Ich würde indeß glauben, seinem Zutrauen nicht zu entsprechen, wenn ich die Ansicht, welche er, auf Versuche sich gründend, gefaßt hat, hier ganz unerörtert ließe, und nicht in diesen einleitenden Zeilen wenigstens andeutete, warum ich ihr nicht ganz beistimmen kann. — Daß die Säuren mit vielen Pflanzenkörpern wahre chemische Verbindungen eingehen, in denen sie so innig, wie in den neutralen Salzen gebunden sind, und mit ihnen Körper bilden, in welchen man die Gegenwart einer Säure früherhin schwerlich vermuthet hätte, haben uns die HH. Thenard und Chevreul durch ihre Untersuchungen über diese Verbindungen gelehrt. Herr Chevreul hat ferner durch sie und seine Arbeiten über die Hematine und den Indig es ziemlich außer Zweifel gesetzt, daß es weder einen *Gerbstoff* noch einen *Extrativstoff* giebt, und daß, was insbesondere den letztern betrifft, die Eigenschaften, welche man demselben beigelegt hat, sehr verschiedenen, größtentheils noch nicht chemisch untersuchten Pflanzenkörpern zu kommen, die sich in den Pflanzen-Extracten befinden. Die Wichtigkeit dieser Arbeiten hatte mich bestimmt, sie in diesen Annalen frei bearbeitet zuzammen zu stellen, und ich würde jeden, der sich mit chemischen Untersuchungen von extractartigen Pflanzenkörpern beschäftigen will, rathen, sich diese Untersuchungen des Herrn Chevreul zum Vorbilde zu nehmen, und sie zuvor aus meiner Bearbeitung derselben zu studiren, welches ihm manche Mühe ersparen dürfte. Herrn Sertürner scheinen diese Arbeiten nicht bekannt gewesen zu seyn*). Sie würden ihm seine Untersuchung nicht nur erleichtert, sondern ihn wahrscheinlich auch bestimmt haben, mehrere Stellen, wo des sogenannten Extrativstoffs gedacht wird, anders zu fassen, und manches in seinen Ansichten von den beiden Körpern, mit deren Kenntniß er die Pflanzen-Chemie bereichert hat, ein wenig zu verändern. Ist, wie seine Versuche darzuthun scheinen, der das Opium charakterisirende Körper, sein *Morphium*, ein Pflanzenstoff, (d. h. ein solcher, der die Pflanzen-Mischung hat, und aus Kohlenstoff, Wasserstoff und Sauerstoff besteht), welcher seiner Natur nach, und nicht durch Verbindung mit einem Alkali, alkalisch reagirt, und sich mit allen Säuren zu leicht krystallisirbaren, den Neutralsalzen analogen Zusammensetzungen

---

*) Welches der Wichtigkeit ungeachtet, die auf sie in diesen Annalen gelegt wurde, sehr begreiflich wird aus dem undeutschen Sinn, der in vielen unserer litterarischen Untersuchungen vorwaltet, und ein Werk wie diese Annalen, auf das ein Deutscher vielleicht einigen Werth zu legen Ursach hätte, eher in den Hintergrund der Vergessenheit zu schieben, als das Gute, welches es enthält, gemeinnützig zu machen strebt. So z. B. ist in den zur Allgemeinen Litteraturzeitung gehörigen *Repertorium der Litteratur* nach Quinquennien von den Annalen nur der Titel enthalten, von den einzelnen Aufsätzen in ihnen aber gar keine Notiz genommen worden, während darin die einzelnen Aufsätze aus den allgem. geogr. Ephemeriden und einigen andern begünstigten Journalen aufgeführt sind; und doch besteht die neuere physikalische und chemische Litteratur hauptsächlich in der Kenntniß jener Aufsätze in den wissenschaftlichen Zeitschriften für diese Fächer. In dem *Allgem. Anzeiger der Deutschen* liest man manches über physikalische Gegenstände, man muß aber glauben, daß weder der Besitzer noch der Redacteur dieses deutsch-patriotischen Blattes je auch nur davon gehört haben, daß es deutsche Annalen der Physik giebt, die seit siebzehn Jahren ununterbrochen fortgehen, und gründliche Aufsätze fast über alle Materien enthalten, über welche dort hin und her gefragt wird und auf die den Belehrung Suchenden hinweisen, deutschen Sinn beurkunden würde. In Anzeigen ausländischer Gesellschaftsschriften und ihrer einzelnen Aufsätze wäre zu erwarten, angegeben zu sehen, welche in diesen Annalen auf deutschen Boden verpflanzt worden sind; dieses ist aber nur selten geschehen; und in einigen chemischen Schriften und Lehrbüchern scheint es selbst Absicht zu seyn, zu machen, als wären diese Annalen nicht in der Welt. Desto mehr finde ich mich den würdigen Männern verpflichtet, von welchen die umständliche Anzeige dieser Annalen in der Jenaischen Allgem. Litterat. Zeitung herrührt, und die wie Mayer in Göttingen, Schmidt in Gießen, und andere, in ihren Lehrbüchern der Naturlehre überall auf die Arbeiten in diesen Annalen hingewiesen haben, zu denen ein Deutscher leicht Zugang hat, welche Vieles bündiger als ausländische Schriften dargestellt enthalten, und die zu fördern und zu verbreiten, diejenigen am wenigsten unterlassen sollten, welche die Deutschheit als Panier vor sich her ragen. *Gilb.*

verbindet, — so werden durch ihn zwar unsere Begriffe von den alkalischen Eigenschaften und von den Körpern denen sie zukommen, erweitert, wird aber doch, wie es mir scheint, die Klasse der Alkalien selbst nicht bereichert. Man würde nämlich, ungeachtet dieser Aehnlichkeit einiger seiner Eigenschaften mit denen der alkalischen und erdigen Basen, dennoch in dem Systeme der Chemie diesen Pflanzenkörper nicht zu ihnen versetzen und von den übrigen Pflanzenkörpern trennen dürfen, weil er nämlich mit diesen in allen andern charakteristischen Eigenschaften übereinstimmt, und sich von ihnen weder durch seine Verwandtschaft zu den Säuren, die auch vielen andern zukömmt, noch durch seine alkalische Reagenz (die saure Reagenz ist unter andern den ätherischen Oelen eigen, ohne daß diese deshalb Säuren sind) auf eine ausschließliche Weise unterscheidet. Nicht von ein Paar Eigenschaften, die wir besonders herausheben, sondern von dem ganzen Verhalten eines Körpers hängt seine Stellung in der Ordnung der Körper ab; und so wie keine der Merkmale der Säuren, den Säuren in aller Strenge zukömmt, und sie doch Säuren sind, so könnte auch das Morphium die alkalischen Eigenschaften besitzen, ohne daß wir es deshalb für eine alkalische oder erdige Basis anzuerkennen brauchten. Acidität und Alkalität lernen wir immer mehr als Eigenschaften kennen, welche keine Klassen-Abtheilung der Körper begründen können; und da wir seit Kurzem wissen, daß einige allgemein als Neutralsalze anerkannte Verbindungen, weder eine Säure noch eine salzbare Basis enthalten, so darf es uns auch nicht irre machen, wenn wir Salze auffinden, die aus Säuren und einem Körper bestehen, der seiner Mischung und Natur nach ein Pflanzenstoff ist. *Gilbert.*

1. Das Morphium.

1. Acht Unzen trockenes Opium wurden zu wiederholten Malen mit geringen Mengen destillirten Wassers heiß digerirt, bis dieses davon nicht mehr gefärbt wurde. Die verschiedenen Flüssigkeiten gaben nach dem Abrauchen ein durchsichtiges Extract, welches beim Verdünnen mit Wasser sich stark trübte, und nur durch Hülfe der Wärme oder einer größern Menge Wassers die Durchsichtigkeit wieder erhielt.

Das mit Wasser verdünnte Extract wurde noch warm mit Ammoniak übersättigt, worauf ein weißgrauer Körper niederfiel, der jedoch bald und größtentheils die Krystallengestalt annahm, und durchscheinende Körner darstellte. Diese mit Wasser wiederholt gewaschen, bis sie dasselbe nicht mehr färbten, sind, wie die

Folge dieser Untersuchung zeigt, der eigentlich wirksame Bestandtheil des Opiums, das *Morphium*, nur noch mit etwas Extractivstoff und Mekonsäure verbunden.

2. Getrocknet wog dieser aus lauter kleinen Körnern bestehende Körper 16 Drachmen. Er wurde mit verdünnter Schwefelsäure bis zur schwachen Uebersättigung behandelt, und aus dieser Auflösung durch Ammoniak von neuem gefällt, und dann wiederholt mit verdünntem Ammoniak digerirt, in der Absicht den noch dabei befindlichen Extractivstoff abzuscheiden. Da dieses aber hierdurch nicht ganz zu bewerkstelligen war, so zerrieb ich den Niederschlag zu einem zarten Staube, und digerirte ihn einige Male mit sehr wenig Alkohol, welcher sich sehr dunkel färbte. Auf diese Weise erhielt ich gegen 8 Drachmen beinahe farbenloses Morphium.

3. Das Morphium, welches sich hierbei in dem Alkohol aufgelöst hatte, wurde daraus durch Krystallisation gewonnen, war aber nicht von Bedeutung. Der extractartige Körper, der sich mit demselben in dem Alkohol, so wie in den Ammoniakhaltigen Extractionen befand, war kein reiner Extractivstoff, sondern ein in Säuren leicht auflösliches, basisches Extractivstoff-Morphium, welches im Wasser schwer, in Alkohol aber leicht auflöslich ist, und dessen Extractivstoff die Eisensalze grünlich färbt, zugleich aber auch auf diese vermöge des gegenwärtigen Morphiums zersetzend wirkt, und einen Theil des Oxyds abscheidet. Da nun das reine Morphium aus seinen Auflösungen in Säuren als ein zartes schimmerndes Pulver abgeschieden wird, und seine eigentliche Krystallform die des Parallelepipedums mit schiefen Seitenflächen ist, so schien es der Extractivstoff zu seyn, der mit dem Morphium verbunden, seine eigenthümliche Form in die körnige, beinahe kubische, verwandelt. Diese Vermuthung wurde durch die Behandlung dieses Körpers mit Ammoniak bestätigt. Dieses löst einen Theil des Extractivstoffs, der die Natur einer Säure hat, doch immer mit Morphium verbunden, auf, vermag ihn aber nicht ganz von demselben zu trennen. Der Alkohol vollendet die Abscheidung, und löst den übrigen Extractivstoff in Verbindung mit Morphium auf. Zwischen dem extractartigen Wesen, welches das Ammoniak und dem, welches der Alkohol aufnimmt, ist ein auffallender Unterschied. Ersteres ist im Wasser leichter auflöslich, weil es weniger Morphium enthält, als die durch den Alkohol enthaltene *braune* Substanz; in jener prädominirt der Extractivstoff, in dieser das Morphium, daher sich auch jene durch eine Auflösung des Morphium in Alkohol in den letztern harzähnlichen Körper verwandeln läßt, worin das Morphium

die Vorhand hat, und gleichsam eine basische Verbindung bildet. Das wäßrige Opiumextract zerfällt im koncentrirten Zustande durch Ammoniak stets in diese beiden Verbindungen.

4. Das so behandelte Morphium löste ich, um es ganz rein darzustellen, in Alkohol wiederholt auf und ließ es krystallisiren, wodurch ich es ganz farbenlos und in ganz regelmäßigen, horizontalliegenden Parallelepipeden mit schrägen Seitenflächen schön angeschossen erhielt. Das nach Derosne durch Extraction des Opiums mit Alkohol krystallisirbare Wesen, schießt dagegen in prismatischer Form unter einem Winkel von 30 bis 40 Grad an. und röthet die Eisenauflösungen stark.

5. Das *reine Morphium* hat folgende *Eigenschaften*. Es ist farbenlos. In siedendem Wasser löst es sich nur in geringer Menge auf, in Alkohol und Aether aber leicht, besonders in der Wärme; diese Auflösungen schmecken sehr bitter, und es krystallisirt aus ihnen in der genannten Form. Sowohl die geistigen als wäßrigen Auflösungen bräunen das empfindliche Rhabarberpigment, und zwar stärker als das der Curcumä, und machen das mit Säuren geröthete Lackmuspapier wieder blau; woran das angewendete Ammoniak keinen Antheil hat, indem das reine Morphium davon keine Spur enthält, wie im folgenden aus der Behandlung dieses Körpers mit Aetzkali genugsam erhellen wird*). Es löst sich in den Säuren, womit ich es in Berührung brachte, sehr leicht auf, und stellt mit ihnen eigene völlig neutrale Verbindungen dar, welche eine Reihe merkwürdiger *Salze* bilden. Von diesen zeige ich hier folgende an:

Das *halb-kohlensaure Morphium* (*Morphium subcarbonicum*) erzeugt sich durch bloße Berührung des Morphiums mit Kohlensäure. und durch Zersetzung seiner Auflösung mit halb-kohlensaurem Kali; es ist leichter auflöslich im Wasser als das Morphium; die Krystallform habe ich nicht untersuchen können. — Das *kohlensaure Morphium* krystallisirt in kurzen Prismen. — Das *essigsaure Morphium* krystallisirt in zarten Strahlen, und ist sehr leicht auflöslich. — Das *schwefelsaure Morphium* (*Morphium sulphuricum*) krystallisirt in zweigförmig verästeten Strahlen, und ist eben so auflöslich. — Das *salzsaure Morphium* (*Morphium muriaticum*) schießt federartig an, wobei man jedoch die strahlenförmige Grup-

---

*) Bei der besonderen Eigenschaft des Morphiums und des sauren Extractivstoffs mit aciden und mit basischen Substanzen vielfache Verbindungen zu geben, enthielten die Derosni'schen Präcipate bald Ammoniak, bald Kali. *Sert.*

pirung häufig vorfindet; es ist bedeutend schwerer auflöslich als die übrigen Morphiumsalze; und gerinnt, wenn man es zu weit abgeraucht hat, beim Erkalten plötzlich zu einer glänzenden, silberweißen, federartigen Salzmasse. — Das *salpetersaure Morphium* (*Morphium nitricum*) gruppiert sich in Strahlen, welche aus einem gemeinschaftlichen Mittelpunkt nach allen Seiten hin sich verbreiten. — Das *mekonsaure Morphium* (*Morphium meconicum*) habe ich nicht dargestellt; das *Morphium sub-meconicum* aber krystallisirt prismatisch, so wie es aus dem mit Wasser extrahirten Opium durch Alkohol erhalten wird; es ist für sich schwer auflöslich, daher bedarf es viel Wasser, wenn man den Rückstand des Opiums ganz davon befreien will. — Das *weinsteinsaure Morphium* (*Morphium tartaricum*) welches in Prismen verästet krystallisirt, hat in seiner Gestalt mit dem vorigen viele Aehnlichkeit.

Diese verschiedenen *Salze* des Morphiums scheinen sehr schädlich zu seyn, denn nach dem jedesmaligen Schmecken fühlte ich einen Schmerz im Kopfe. Sie sind eher leicht als schwer auflöslich im Wasser, und fast alle von glimmerartigem Glanze, und wie es scheint zum Verwittern geneigt.

In der Reihe der salzfähigen Grundlagen würde das Morphium gleich nach dem Ammoniak zu stehen kommen, indem es von diesem überall aus seinen Verbindungen getrennt wird. Es schließt gleichsam die Reihe der Alkalien, und unterscheidet sich von den mächtigern Alkalien, dem Kali, Natron und Ammoniak blos durch seine geringere Mächtigkeit, sonst würde es sich wie diese mit den oxydirten Oelen etc. zu Seifen etc. verbinden. Es hat eine geringere Neigung zu den Säuren wie das Ammoniak, und sogar wie die Magnesia. Es scheidet aber die mehrsten Metalloxyde aus ihren Verbindungen mit Säuren, und z. B. das Eisen aus der Schwefel-, Salz- und Essigsäure. Es zersetzt einige Quecksilber-, Blei- und Kupfersalze. Das essigsaure Kupfer verliert dadurch seine grüne Farbe und bildet damit, wie mit dem Ammoniak, wahrscheinlich eine dreifache Verbindung. Es zieht aus der Atmosphäre Kohlensäure an, verbindet sich mit dem Extractivstoff, wie die übrigen salzfähigen Grundlagen, und bildet damit, je nachdem diese verschieden sind, verschiedene Verbindungen.

Das Morphium *schmelzt* in geringer Wärme leicht, und sieht in diesem Zustande dem geschmolzenen Schwefel sehr ähnlich; beim Erkalten krystallisirt es gleich wieder. Es *verbrennt* lebhaft, und liefert in verschlossenen Gefäßen durch den Wärmestoff ein festes, schwärzliches, harzartiges Wesen von eigenthümlichem Geruch. Mit dem Schwefel verbindet es sich in der Wärme, wird aber in dem Augenblicke zerstört, wobei sich Schwefel-Wasserstoffsäure bildet. — Die Bestandtheile des Morphiums habe ich aus Mangel an Zeit nicht genau bestimmen können; sie sind wahrscheinlich Sauerstoff, Kohlenstoff und Wasserstoff, vielleicht auch Wasserstoff*). Eine galvanische Säule brachte selbst in Verbindung mit einem Quecksilberkügelchen keine merkliche Wirkung in dem Morphium hervor; doch schien das kreisende Quecksilberkügelchen sich vergrößert und seine Consistenz verändert zu haben.

2. **Wirkungen des Morphiums auf den menschlichen Körper.**

6. Die merkwürdigste Eigenschaft des Morphiums ist die Wirkung, welche der Genuß desselben in Thieren hervorbringt. Um sie mit Zuverlässigkeit zu bestimmen, habe ich mich selbst zu den Versuchen hergegeben, auch einige andere Personen dazu beredet, weil Versuche mit Thieren zu keinem richtigen Resultat führen. Ich halte es für Pflicht, auf die fürchterliche Wirkung dieses neuen Körpers vorzüglich aufmerksam zu machen, um möglichen Unglücksfällen vorzubeugen; denn es ist sogar öffentlich behauptet worden, man habe dieses Mittel mehrere Personen in ziemlich großer Menge genießen lassen, ohne einen Erfolg davon zu sehen. War das, was in diesen Fällen genossen worden ist, wirklich Opium, so geht daraus hervor, daß diese Substanz vom Magensafte nicht aufgelöst wird. Meine frühern Erfahrungen, die man nicht gekannt zu haben scheint, hatten mich schon veranlaßt, ausdrücklich zu verlangen, daß man dieses Mittel nie anders als in Alkohol oder in wenig Säure aufgelöst gebe, weil es im Wasser schwer auflöslich ist, und daher auch ohne demselben in dem Magen nicht aufgelöst werden dürfte.

Um meine frühern Versuche streng zu prüfen, bewog ich drei Personen, von denen keine über 17 Jahre alt war, zugleich mit mir Morphium einzunehmen; gewarnt durch die damaligen Wirkungen, gab ich aber einem jeden nur $\frac{1}{2}$ Gran in $\frac{1}{2}$ Drachme Alkohol aufgelöst, und mit einigen Unzen destillirtem Wasser ver-

---

*) Ich habe einen, in der Chemie erfahrnen jungen Mann, Herrn Lange, ersucht, das weitere Verhalten dieses merkwürdigen Körpers gegen Säuren u. s. w. zu verfolgen, und hoffe, daß er Resultate erhalten wird, welche auf die übrigen salzfähigen Basen einiges Licht werfen dürften, zumal da das Morphium Kohlenstoff enthält, welchen wir in keiner andern Salzbasis voraussetzen können. Zugleich wird derselbe auch einige mekonsaure Salze näher beschreiben. *Sertürner.*

dünnt. Eine allgemeine Röthe, welche sogar in den Augen sichtbar war, überzog das Gesicht, vorzüglich die Wangen, und die Lebensthätigkeit schien im Allgemeinen gesteigert. Als nach $\frac{1}{2}$ Stunde abermals $\frac{1}{2}$ Gran Morphium genommen wurde, erhöhte sich dieser Zustand merklich, wobei eine vorübergehende Neigung zum Erbrechen und ein dumpfer Schmerz im Kopfe mit Betäubung empfunden wurde. Ohne daß wir den vielleicht schon sehr übeln Erfolg abwarteten, wurde von uns nach $\frac{1}{4}$ Stunde noch $\frac{1}{2}$ Gran Morphium als grobes Pulver unaufgelöst, mit 10 Tropfen Alkohol und $\frac{1}{2}$ Unze Wasser verschluckt. Der Erfolg war bei den drei jungen Männern schnell und im höchsten Grade entschieden. Er zeigte sich durch Schmerz in der Magengegend; Ermattung und starke an Ohnmacht gränzende Betäubung. Auch ich hatte dasselbe Schicksal; liegend gerieth ich in einen traumartigen Zustand, und empfand in den Extremitäten, besonders den Armen, ein geringes Zucken, das gleichsam die Pulsschläge begleitete.

Diese merklichen Symptome einer wirklichen Vergiftung, besonders der hinfällige Zustand der drei jungen Männer flößte mir eine solche Besorgniß ein, daß ich halb bewußtlos über eine Viertelbouteille (6 bis 8 Unzen) starken Essig zu mir nahm, und auch die übrigen dies thun ließ. Hiernach erfolgte ein so heftiges Erbrechen, daß einige Stunden darauf einer von äußerst zarter Constitution, dessen Magen bereits ganz ausgeleert war, sich fortdauernd in einem höchst schmerzhaften, sehr bedenklichen Würgen befand. Es schien mir, daß der Essig dem Morphium diese heftige, nicht aufhörende, brechenerregende Eigenschaft ertheilt habe. In dieser Voraussetzung gab ich ihm kohlensaure Magnesia ein, welcher sogleich das Erbrechen wich. Die Nacht ging unter starkem Schlaf vorüber. Gegen Morgen stellte sich zwar das Erbrechen wieder ein, es hörte aber nach einer starken Portion Magnesia sogleich auf. Mangel an Leibesöffnung und Eßlust, Betäubung, Schmerzen in dem Kopfe und Leibe verloren sich erst nach einigen Tagen.

Nach dieser wirklich höchst unangenehmen eigenen Erfahrung zu urtheilen, wirkt das Morphium schon in kleinen Gaben als ein heftiges *Gift*. Seine Salze mögen noch stärkere Wirkungen besitzen. Den heftigen Erfolg des zuletzt genommenen halben Grans Morphium schreibe ich dem konzentrirten Zustande zu, in welchem es auf den Magen wirkte, weil es als ein gröbliches Pulver in demselben ankam, und erst hier aufgelöst wurde. Ich rathe daher beim Gebrauche des Morphiums die hieraus hervorgehenden Regeln zu berücksichtigen, und mit den Morphiumsalzen eben so vorsichtig zu seyn, und besonders nicht zu wenig Wasser als Verdünnungsmittel nehmen zu lassen.

Da keiner der übrigen Bestandtheile des Opiums Wirkungen, wie die hier beschriebenen, besitzt, so beruhen wahrscheinlich die wichtigen medicinischen Wirkungen des Opiums auf die des reinen Morphiums, welches ich den Aerzten zu prüfen überlassen muß. Bisher haben sie es immer nur mit dem mekonsauren Salze des Morphiums zu thun gehabt. Auch dürfen wir von den verschiedenen Morphiumsalzen mit Wahrscheinlichkeit verschiedene Heil-Wirkungen in Krankheiten erwarten. So viel kann ich aus eigener Erfahrung bezeugen, daß sehr heftiges Zahnweh, welches nach Anwendung des Opiums nicht weichen wollte, durch eine Auflösung des Morphiums in Alkohol gleich gehoben wurde, obgleich dieser nicht stark damit geschwängert war. Daß die Wirkungen der verschiedenen Salze des Morphiums verschieden sind, urtheile ich nach dem, was mir das bloße Schmecken zu bewirken schien. Weil das mekonsaure Morphium, welchem das Opium seine Wirkung verdankt, in Wasser nicht leicht auflöslich ist, so muß zu den Opiumtinkturen nicht allein stets bloßer Alkohol angewandt werden, sondern diese Flüssigkeiten müssen auch nie sehr erkalten, weil sich in diesem Falle Morphium mit etwas flüssigem Harze, Extractivstoff und Mekonsäure verbunden ausscheidet, und dieses Mittel daher bei starker Kälte schwächer als in mäßiger Wärme gefunden wird. Es wäre zu wünschen, daß dieser Gegenstand recht bald von einsichtsvollen Aerzten einer nähern Prüfung unterworfen werden möchte, weil das Opium eins unserer wichtigsten Arzneimittel ist.

3. Die Mekonsäure oder Opiumsäure.

7. Ich glaube nun den einen Bestandtheil des Opiums, das Morphium, hinreichend charakterisirt zu haben, daß meine frühere Meinung über die Natur dieses Körpers gegründet war, und kehre daher zu den §. 3. zurück, um die Flüssigkeit, woraus das Morphium durch Ammoniak geschieden worden war, näher zu untersuchen.

Wird sie bis zur Syrupsdicke abgeraucht, so setzt sich aus ihr etwas Morphium ab, in regellosen Krystallen. Ammoniak bildete in ihr einen Niederschlag, welcher größtentheils aus Morphium bestand, sich aber, wenn das Ammoniak durch Wärme verflüchtigt wurde, in dem Extractivstoff wieder auflöste. Dieser Extractivstoff hat zwar den Charakter der Acidität, kann aber doch das Ammoniak, wegen dessen Flüssigkeit, in hoher Temperatur nicht zurück halten, und vereinigt sich in dieser erhöhten Temperatur wieder mit dem schwächern Morphium zu Extractivstoff-Morphium, welches wir gleich werden näher kennen lernen. Nachdem auf diese Art, durch überschüssig zugesetztes Ammoniak und durch Filtriren, etwas Morphium aus dem Opium-Extract geschieden worden war, wurde dieser Extract mit destillirtem Wasser verdünnt und durch Erhitzen von dem Ammoniak befreit, und dann so lange mit einer Auflösung des salzsauren Baryts behandelt, bis kein Niederschlag mehr erfolgte. Dieser Niederschlag wog, nachdem er mit destillirtem Wasser abgewaschen, und mit möglichster Vorsicht getrocknet worden war, gegen 6 Drachmen. Er ist eine im Wasser schwer auflösliche vierfache Verbindung aus Baryt, Morphium, Mekonsäure und Extractivstoff.

8. Ich suchte durch Alkohol das Morphium und den Extractivstoff von einander zu trennen, und dann durch gelindes Digeriren mit einer dem Baryt ungefähr entsprechenden Menge verdünnter Schwefelsäure, und durch Abspülen und Filtriren des entstandenen schwefelsauren Baryts, in der Flüssigkeit die Mekonsäure gesondert und allein darzustellen. In der That schoß, nachdem ich diese Flüssigkeit zur Krystallisation gebracht hatte, die *Opium-* oder *Mekon-Säure* aus ihr in regellosen Formen an, und hierbei gab sie eher leichte als schwere Auflöslichkeit zu erkennen, wie ich es in meiner ersten Abhandlung gesagt habe. Da sie aber gefärbt war, so unterwarf ich sie einer Sublimation. Sie schmelzte zuerst in ihrem Krystallisationswasser, und sublimirte sich dann in schönen langen Nadeln. In diesem Zustande war sie ohne Farbe, von saurem Geschmack, besaß alle übrigen Eigenschaften der starken Säuren, und zeichnete sich durch ihre große Neigung zum Eisenoxyd aus, welches sie im salzsauren oxydirten Eisen mit schöner *kirschrother* Farbe anzeigte, auch wenn die Salzsäure in großem Uebermaaß, jedoch verdünnt, vorhanden war. Nur zeigte sie das Eisen im blausauren Eisenkali nicht an, wie ich das früher behauptet hatte, wahrscheinlich dadurch getäuscht, daß ich es mit zu sehr gefärbter Säure zu thun gehabt hatte, und daher die Farbenveränderung nicht deutlich bemerken konnte. Leider zersprang mir während der Sublimation die Geräthschaft, und mein ohnehin kleiner Vorrath von Säure wurde dadurch noch verringert; daher ich die *Salze*, welche sie darstellt, nicht genau bestimmen kann. Nur gleichsam im Vorbeigehen sah ich ein saures Salz, welches sie mit *Kalk* darstellt; es krystallisirt in Prismen, ist schwer auflöslich, und scheint von der Schwefelsäure nicht völlig zersetzt zu

werden, zeigt also eine sehr große Neigung der Mekonsäure zum Kalke an, so wie überhaupt diese Säure eine große Mächtigkeit besitzt.

Der Genuß der Mekonsäure hatte nicht die geringste Folge, obgleich ich 5 Gran davon zu mir genommen habe. An der Wirkung, welche das Opium auf die animalischen Verrichtungen äußert, hat sie daher keinen Antheil; höchstens mag sie dieselben mildern, welches, wie bekannt, alle Säuren thun, auch das Opium im Wasser auflöslicher machen. Diese Wirkung der Säuren scheint sich daraus erklaren zu lassen, daß sie sich mit dem Morphium zu einem Salze mit überschüssiger Säure verbinden; doch sehen wir, daß die übrigen salzfähigen Grundlagen oft in Verbindung mit Säuren nachtheiliger für das thierische Leben sind, als die Grundlage selbst, und es wäre möglich, daß bei mehreren Morphiumsalzen dasselbe statt fände.

So ist also durch diese Versuche die Wirklichkeit der Opiumsäure oder Mekonsäure außer allen Zweifel gesetzt, so wie auch, daß sie in der angegebenen Gabe ganz unschädlich ist.

9. Die Flüssigkeit, aus der ich das Morphium und die Opiumsäure geschieden hatte, war sowohl durch salzsaures oxydirtes Eisen geröthet, als von Schwefelsäure getrübt. Um sie näher kennen zu lernen, rauchte ich sie bis zur Syrupsdicke ab. Beim Erkalten schossen 40 Gran eines schwer auflöslichen Salzes in prismatischer Form an, welches, nachdem es durch Alkohol von einem geringen Theil Morphium befreit worden war, (der sich im Wasser mit aufgelöst und aus diesem zugleich mit abgeschieden hatte), mit Schwefelsäure behandelt, schwefelsaurem Baryt und Opiumsäure gab, also *opiumsaurer Baryt* war.

4. Die übrigen im Wasser auflöslichen Bestandtheile.

10. Da der Alkohol aus dem Salze so äußerst wenig Morphium ausgezogen hatte, so glaubte ich dieses vom Extractivstoff zurückgehalten. In der That setzten sich aus dem verdünnten Extracte, woraus der opiumsaure Baryt sich abgeschieden hatte, nachdem er mit Wasser verdünnt und bis zur Syrupsdicke abgeraucht worden war, gegen 30 Gr. einer körnigen Masse ab, die ich für *Extractivstoff-Morphium* erkannte, und welche sich bis auf einen unbedeutenden Rückstand opiumsauren Baryts in Alkohol auflöste. In der Meinung, den Extractivstoff rein zu haben, ersuchte ich einen meiner Schüler gegen 10 Gran davon nach und nach einzunehmen

er mußte ihn aber durch Erbrechen bald wieder von sich geben. Auch bewirkte eine geringe Menge von Ammoniak eine Trübung, welche verschwand, so bald das Ammoniak durch Wärme verjagt wurde. Ich habe dieses mehrere Male wiederholt. Das, was sich in der Kälte durch Ammoniak ausschied, verhielt sich wie Morphium; und beim Verflüchtigen des Ammoniaks trat dieses wieder zu dem Extractivstoff.

Dieses Verhalten bestimmte mich, das Extract von Neuem in Wasser aufzulösen. Als es sich wie gewöhnlich trübte, ließ sich durchs Filtriren ein wenig Niederschlag sammeln; er verhielt sich wie Morphium mit vielem Extractivstoff, denn er löste sich in Alkohol auf, und es zeigten sich deutlich Spuren des krystallisirten Morphiums. Als ich aber Ammoniak im Uebermaaß zusetzte, wurde die Trübung sehr stark, und beinahe die ganze Masse gerann zu einem dehnbaren, *harzähnlichen Körper*, welcher auf eine ganz gleiche Art, als Opiumextract, doch nicht so heftig (zu 5 bis 6 Gran genommen), wirkte. Dieser sonderbare, einem weichen Harze ähnliche Körper war im kalten Wasser schwer auflöslich, zersetzte die Metallsalze gleich dem Morphium, löste sich leicht auf in Säuren, indem er sie abstumpfte, und ließ nach mehrmaliger Präcipitation durch Ammoniak, wobei jedesmal viel aufgelöst blieb, einen grauen Körper zurück, welcher zwar größtentheils aus Morphium bestand, doch aber immer noch viel Extractivstoff enthielt. Ich versuchte durch Präcipitiren mit basischem essigsaurem Blei*) den Exttractivstoff und das Morphium zugleich zu fällen, und letzteres durch Digeriren mit Alkohol von dem erstern zu trennen, allein ich erhielt nur etwas durch Extractivstoff gefärbtes Morphium, das Uebrige schien eine dreifache Verbindung eingegangen zu seyn. Denn als ich das Bleipräcipitat durch Schwefelsäure zerlegte, zeigte der Extract immer noch, obschon schwächer, seine nachtheiligen Wirkungen, die basische Natur, und eine Spur jener harzigen Substanz, wenn Ammoniak zugesetzt wurde. Das Morphium besitzt also zu dem hier vielleicht sehr oxydirten Extractivstoff eine große Neigung, und es giebt verschiedene Verbindungen beider mit einander; die, welche am meisten Morphium enthält, scheint die Krystalle in §. 1. erzeugt zu haben; die mit dem mehrsten Extractivstoff aber als Harz aus dem von seiner Säure, und dem in ihr aufgelösten Morphium, geschiedenen Opiumextracte

---

*) *Plumbum sub-aceticum solubile:* man vergleiche hiermit meine Bemerkungen über die 4 Arten des essigsauren Bleies am ang. Orte. *Sert.*

durch Ammoniak gefällt zu werden. Obgleich der oxydirte Extractivstoff hier gleichsam im Uebermaß mit dem Morphium verbunden ist, so behielt die Verbindung doch den Hauptcharakter des Morphiums, nämlich schwere Auflösbarkeit im Wasser, leichte in Alkohol und Säuren, das Vermögen die Säuren zu neutralisiren, und die besondere Eigenschaft, durch Ammoniak, das sich mit dem Uebermaß von Extractivstoff verbindet, welchen es im Wasser auflöslich erhielt, abgeschieden zu werden. Der Extractivstoff, welcher an das Ammoniak tritt, enthält jedoch auch noch Morphium. Ich gestehe, daß ich es hätte weiter untersuchen sollen, um vielleicht durch Aether, rectificirtes Terpenthinöhl, oder absoluten Alkohol das Morphium ganz zu trennen.

Man kann auch ein *künstliches Extractivstoff-Morphium* darstellen, wenn man Morphium in Alkohol auflöst und mit dem Extractivstoff einer andern Substanz behandelt. Es ist ganz dem Charakter des Morphiums und dem des Extractivstoffs angemessen sich zu verbinden, da ersteres den basischen, und letzterer den aciden Charakter besitzt.

Im Wasser unauflösliche Bestandtheile.

11. Es waren nun noch die im Wasser unauflöslichen Bestandtheile des Opiums zu untersuchen. Ich hatte jedoch das Opium mit Wasser nicht lange genug extrahirt, vermuthete daher in dem Rückstande des mit Wasser extrahirten Opiums (§. 1.) noch Morphium und Opiumsäure, und digerirte ihn wiederholt mit ½ Unze gewöhnlicher verdünnter Salzsäure, und einer hinreichenden Menge Wasser. Zuletzt wurde die Flüssigkeit filtrirt und mit Ammoniak versetzt. Außer dem, was in der nicht unbeträchtlichen Menge Flüssigkeit aufgelöst blieb, erhält ich gegen 2 Drachmen Morphium verbunden mit vielem Extractivstoff und einer besondern pulverichten Substanz. Das überschüssige Ammoniak wurde hierauf durch Wärme verjagt. Die filtrirte und mit salzsaurem Baryt behandelte Flüssigkeit gab beim Abrauchen eine geringe Menge opiumsauren Baryt.

12. Der durch Wasser und Salzsäure von Extractivstoff, Morphium und Opiumsäure befreite, nicht spröde, sondern beinahe teigartige Rückstand wog 1 Unze und 5 Drachmen. Er wurde sehr oft mit Alkohol digerirt, bis endlich dieser sich nicht mehr färbte, und dann wurde der Alkohol nach Zusetzen von etwas Wasser vorsichtig abdestillirt. Es blieb eine *braune*, flüssige, in Alkohol schwer auflösliche, *balsamartige Substanz* auf dem Wasser

schwimmend zurück. Sie besaß den eigenthümlichen Geruch der in Rauch getrockneten Fische, brannte mit Rußabsetzender Flamme, schmeckte fettartig und hatte keine merkliche Wirkung, selbst bis zu 20 Gran genommen, weder auf mich noch auf einige andere Personen. Ein kleines Hündchen erhielt sogar mehrere Drachmen davon mit Brod, ließ sich aber fortdauernd sein Futter gut schmecken. Die eine Hälfte dieses Rückstandes digerirte ich mit frisch rectificirtem *Terpenthinöhl*, die andere mit *Schwefeläther*, und von beiden erhielt ich, nachdem die Auflösungsmittel abdestillirt waren, sehr weiches, dehnbares Federharz (?), welches, zumal das, was mit Terpenthinöhl erhalten wurde, noch etwas von der balsamartigen Substanz zu enthalten schien.

Noch habe ich den von allen auflöslichen Theilen befreiten Rückstand des Opiums mit verdünnter *Schwefelsäure* digerirt, und ihn dadurch in eine schleimartige Substanz verwandelt.

5. Resultate, welche die Behandlung des Opiums mit kaltem Wasser darbietet.

13. Da der Einfluß der Wärme an meinen Resultaten Antheil haben konnte, auch durch das Vorige noch nicht alles aufgeklärt war, was Derosne vom Opium sagt, so änderte ich meine Untersuchung folgendermaßen ab: Es wurden 1000 Gran gepulvertes Opium wiederholt mit sehr kleinen Mengen *kaltem* destillirtem *Wasser* in einer porcellainenen Schale zusammengerieben, und nach Verlauf von einigen Stunden wurde das Wasser durch Musselin gegossen und das Opium jedesmal stark ausgedrückt, und dieses so lange fortgesetzt, bis das Wasser nicht mehr gefärbt wurde. Die sehr verdünnte Extraction gab gelinde abgeraucht ein von dem Vorigen verschiedenes Extract; denn es wurde durch Zusatz von Wasser nicht getrübt. Ammoniak und Eisensalze zeigten aber darin, so wie in jenen, die Gegenwart des opiumsauren Morphiums. Da dieses die Pflanzen-Pigmente merklich röthet, so halte ich es für eine übersäuerte Verbindung dieser beiden neuen Körper. Durch Alkohol habe ich vergebens versucht dieses Salz zu zerlegen, der Extractivstoff löste sich ebenfalls in ihm auf.

14. Der mit kaltem Wasser extrahirte Rückstand wurde mit wenig *Wasser* ¼ Stunde lang *gekocht*, dann heiß durchgedrückt und filtrirt. Die Flüssigkeit trübte sich beim Erkalten sehr, wurde wie ein Dekokt der Chinarinde, ohne doch sehr gefärbt zu seyn, und reagirte als basisches mekonsaures Morphium mit wenig Extractivstoff verbunden. Es setzte sich dieser Körper an den Wänden des

Glases als eine bräunliche Masse ab, woraus nach einiger Zeit prismatische Krystalle von opiumsauren Morphium sich erzeugten.

15. Auf das, was von dem heißen Wasser nicht angegriffen wurde, goß ich so viel *Alkohol*, daß er es kaum bedeckte, und ließ ihn stark damit digeriren. Die braune, heißfiltrirte Flüssigkeit gab beim allmähligen Erkalten bis auf $+ 4^0$ R., das dem von Derosne beschriebene ähnliche, strahlenförmig krystallisirte Salz, welches auf durch Säuren geröthetes Lackmuspapier als Morphium, und auf die Eisensalze als Opiumsäure nur schwach reagirte. Gleichzeitig wurde auf dem Boden des Gefäßes eine gefärbte Substanz abgesetzt, welche in Alkohol aufgelöst und krystallisirt, etwas von dem eben beschriebenen *basischen* opiumsauren Morphium gab, und einen Rückstand ließ, der in Wasser beinahe gar nicht, in Essig aber leicht auflösliches *Extractivstoff-Morphium*, mit etwas von der *balsamartigen Substanz* vermischt, enthielt. Das Extractivstoff-Morphium unterscheidet sich hierdurch charakteristisch von den Harzen, wie auch dadurch, daß sich der Extractivstoff daraus nur mit Schwierigkeit darstellen läßt. Das Ammoniak nimmt daraus mit weniger Morphium verbundenen Extractivstoff auf, und macht ihn noch schwerer in Wasser auflöslich; dem Alkohol tritt er Morphium ab. — Als der Rückstand noch einmal, wie zuvor, mit Alkohol behandelt wurde, erhielt ich eine gefärbte Auflösung, welche vom Wasser getrübt und von Essigsäure nicht wieder klar wurde; ein Beweis, daß diese Trübung von aufgelöstem *Oehle* herrührte. Die Auflösung enthielt von der vorigen Verbindung so wenig, daß sie kaum bitter schmeckte.

16. Wir sehen hieraus, daß das kalte Wasser das opiumsaure Morphium, wie es scheint, mit etwas Säure-Ueberschuß, und größtentheils den Extractivstoff aufnimmt, und basisches im Wasser schwer auflösliches opiumsaures Morphium mit etwas Extractivstoff zurückläßt, welches in der Wärme vom Alkohol leicht aufgelöst wird, beim Erkalten aber größtentheils sich krystallinisch wieder abscheidet, und eine Spur Mekonsäure als eine Verbindung mit Morphium und Extractivstoff zurückläßt.

6. Resultate.

17. Das rohe Opium, so wie es im Handel vorkommt, besteht außer den fremden Beimischungen und einigen, hier zwar nicht berücksichtigten, aber in meiner frühern Untersuchung erwähnten Substanzen, aus *säuerlichem opiumsaurem Morphium*, welches durch Behandlung mit kaltem Wasser in *basisches* schwerauflösliches und

in *saures* leicht auflösliches opiumsaures Morphium zerfällt, und sich in diesem auflöst; vorausgesetzt, daß das Röthen des Lackmuspapiers nicht von einer andern beigemischten Pflanzensäure herrührt. Der *Extractivstoff* wird hier, wie das Morphium in zwei Theile getrennt; ein Theil, welcher als frei betrachtet werden kann, löst sich in dem kalten Wasser auf; der andere wahrscheinlich mehr oxydirte Theil, bleibt mit dem basischen Morphiumsalze zurück, und dieses zerfällt durch Digestion mit Alkohol und Krystallisation in basisches opiumsaures Morphium und in *Extractivstoff-Morphium*, eine braune, im Wasser beinahe unauflösliche, in Säuren aber leicht auflösliche Substanz.

Das heiße Wasser löst dagegen aus dem Opium neben dem Extractivstoff und dem säuerlichen opiumsauren Morphium zugleich etwas mehr Morphium als das kalte Wasser auf, welches beim Erkalten sich in Verbindung mit etwas Opiumsäure und Extractivstoff ausscheidet.

Die flüssige *balsamartige Substanz*, so wie die übrigen Betandtheile des Opiums bedürfen in ärztlicher Rücksicht keiner weitern Erwägung, da sie sowohl im Wasser als selbst im Alkohol fast unauflöslich sind.

Es ist daher ein großer Unterschied zwischen dem mit heißem und kaltem Wasser bereiteten *Opiumextract*. Letzteres wirkt weit heftiger als ersteres. Die *Opiumtinkturen* müssen unabänderlich mit bloßem Alkohol zubereitet werden, weil in diesem nur die genannten Verbindungen auflöslich sind. Ihre Aufbewahrung darf nicht an Orten geschehen, wo die Temperatur sich dem Gefrierpunkte nähert, weil sich in diesem Falle von dem Morphiumsalze vieles ausscheidet. Ein Zusatz von etwas Essigsäure würde diese Hindernisse heben, wenn es erwiesen wäre, daß das essigsaure Morphium eben so wie das Opium, oder opiumsaure Morphium wirkt*).

7. Nachtrag.

Die vorige Abhandlung war schon geschrieben, als ich noch Gelegenheit hatte, Nachstehendes zu beobachten, wodurch dieser

---

*) Das mit destillirtem Wasser aus den hier wachsenden *Mohnkapseln* bereitete Extract gab mit Ammoniak behandelt keine Spur von Morphium, selbst dann nicht, wenn bei Bereitung des Extracts etwas Essigsäure zugesetzt war. Diese Pflanze scheint das Morphium als Extractivstoff-Morphium zu enthalten. Von Mekonsäure fand ich keine Spur. Ersteres stehet in Widerspruch mit den Resultaten, welche andere wollen erhalten haben. *Sert.*

verwickelte Gegenstand völlig aufgeklärt und uns zugleich eine zweckmäßige Methode an die Hand gegeben wird, das neue Pflanzen-Alkali und die damit verbundene Opiumsäure ohne Mühe darzustellen, welches um so willkommener seyn muß, da das Morphium und seine Salze das Opium höchst wahrscheinlich bald verdrängen werden.

1. Man nehme 8 Unzen gepulvertes Opium, reibe es, ohne es zu erwärmen, mit 2 bis 3 Unzen konzentrirter Essigsäure und etwas destillirtem Wasser zu einem zarten Brei, verdünne solchen nachher mit 2 bis 3 Pfund kalten Wassers, und trenne die Flüssigkeit durch feines Linnen vom Rückstande, welchen man einige Male mit etwas Wasser nachwaschen kann. Diese wenig gefärbte Auflösung enthält essigsaures und opiumsaures Morphium, eine Spur Extractivstoff-Morphium und neutralen freien Extractivstoff.

2. Man fälle aus ihr durch ätzendes Ammoniak das *Morphium*, und rauche die Flüssigkeit bis zum vierten oder fünften Theile ab, scheide sie nach dem Erkalten durch ein Filtrum von dem abgeschiedenen Morphium, und fälle daraus durch eine hinreichende Menge essigsauren Baryts, *opiumsauren* Baryt. Alsdann rauche man die Flüssigkeit bei gelinder Wärme bis zur Trockne ein, wobei sich noch etwas opiumsaurer Baryt abscheidet, und reinige durch absoluten Alkohol das erhaltene Extract von den essigsauren Salzen. Man erhält so den *neutralen Extractivstoff* beinahe ganz rein; er ist ohne alle nachtheilige Wirkung, denn ich selbst habe ihn zu 10 Gran ohne das geringste Uebelbefinden eingenommen.

3. Der Rückstand in §. 1 besteht vorzüglich aus in Wasser schwer auflöslichen *Extractivstoff-Morphium* mit einem Ueberschuß von Ersterem. Dieserhalb muß man ihn wiederholt mit einer Mischung aus 1 Theile Schwefelsäure und 6 Theilen Wasser digeriren, und die saure Auflösung durch Ammoniak zersetzen. Die Zerlegung ist aber unvollkommen, denn es bleibt stets Morphium mit einem Ueberschuß von Extractivstoff (braune Opiumsäure) und eine Spur Schwefelsäure zurück, so wie auch die schwefelsaure Auflösung neben dem Morphium etwas Extractivstoff aufgelöst enthält, welcher das durch Ammoniak daraus geschiedene Morphium in ein basisches Extractivstoff-Morphium verwandelt. Dieser ganz von Morphium befreite *saure Extractivstoff* oder die *braune Opiumsäure* ist gleichfalls, so wie der *neutrale*, unschädlich; blos das Morphium, welches eine so große Neigung zu ihm hat, ertheilt ihm seine heftige Wirkung.

Resultat.

Das rohe Opium enthält daher *freien neutralen* und *sauren Extractivstoff*, welche ich beide ohne alle Wirkung auf den thierischen Körper gefunden habe. Letzterer ist darin als *extractivstoffsaures Morphium* enthalten, jedoch mit dem *opiumsauren Morphium* zu einer in Alkohol auflösbaren *Verbindung* vereinigt. Diese erleidet schon durch bloße Behandlung mit Wasser eine theilweise Zerlegung; denn der wiederholt mit Wasser behandelte Rückstand des Opiums enthält immer Spuren von der leicht auflösbaren Opiumsäure, aber in größerer Menge Morphium und Extractivstoff, welche dreifache Verbindung durch Digestion mit vielem Wasser sich jedoch nach und nach auflösen läßt. Daher enthält die kalte wäßrige Extraction des Opiums nur einen Theil des *opiumsauren Morphiums*, dagegen etwas *Extractivstoff-Morphium* aufgelöst. Durch einen Zusatz von Essigsäure wird dem Extractivstoff-Morphium ein Theil seines Morphiums entrissen und dadurch das Band zwischen dem opiumsauren und dem *braunen opiumsauren Morphium* aufgehoben *).

---

*) Es muß allerdings auffallen, daß ich hier eine zweite Opiumsäure, welche ich *braune Opiumsäure* nenne, neben der Mekonsäure aufstelle; ein solches Verfahren ist jedoch ganz consequent, und bei der Analyse der Vegetabilien überhaupt von Nutzen. Schon vor zehn Jahren habe ich in einer besondern Abhandlung nachgewiesen, daß es außer den längst bekannten Säuren, noch eine zweite Reihe von Säuren giebt, die sich dadurch auszeichnen, daß sie wegen zu geringer Mächtigkeit das Lackmus nicht röthen, und mit den salzfähigen Grundlagen in ihren Salzen vielfache Verbindungen darstellen. Hierzu gehören: beinahe der größte Theil der vegetabilischen und thierischen Pigmente, und verschiedene der wirksamen Principe der Arzneikörper. Zum Vergleiche mit einander führe ich hier an, die gelbe Säure der Curcumä, die der China, die des Rhabarber und der Angustura, die braune Opiumsäure, die rothe Lackmussäure u. s. w. Diese Halbsäuren lassen sich alle leicht durch kohlensaure und halbkohlensaure Alkalien, mit deren Basen sie eigene leicht zersetzbare Salze bilden, darstellen, indem man diese Auflösungen demnächst mit Essigsäure behandelt, oder wenn die Säure im Alkohol auflöslich ist, statt der Essigsäure verdünnte Schwefelsäure anwendet. Salze dieser Art sind, das Lackmus, der Carmin, das braune opiumsaure Morphium und dessen Verbindung mit dem mekonsauren Morphium, dem essigsauren Blei u. s. w., die rothe und schwarze Dinte, die Seifen und ihre Verbindungen etc. Die Färbekunst beschäftigt sich vorzüglich mit diesen Halbsäuren und ihren Verbindungen, und macht das Gesagte begreiflich. Welche bedeutende Rolle diese Halbsäuren bei der Untersuchung der Vegetabilien spielen, sehen wir beim Opium, denn die braune Opiumsäure oder der sogenannte oxydirte Extractivstoff ist es, welcher es so schwer macht, die in dem Opium mit einander verbundenen Stoffe zu trennen, indem sie sich mit dem Morphium und der Mekonsäure zu einer dreifachen Verbindung gestaltet. *Sertürner.*

[Dem Herausgeber dieser Ann. sey erlaubt, den hier geäußerten Ideen über sogenannte Halbsäuren im Pflanzenreiche die Bemerkung beizufügen, daß er glaube, der Herr Verf. dürfte Ursach finden, in ihnen einiges abzuändern, wenn er die in der Einleitung angeführten Abhandlungen erwogen haben wird. Im Felde der Pflanzenchemie sind allerdings noch viele Lorbeern zu pflücken; wer indeß nicht unbelohnt nach ihnen streben will, darf, wie es ihm scheint, nicht versäumen ganz in den Geist der vorzüglichsten unter den neuen Untersuchungen dieser Art einzugehen, um seine Arbeit an sie anzureihen, und muß es sich zum Gesetz machen, alles bei seinen Versuchen mit größter Genauigkeit zu messen und zu wiegen, so weit es nur meßbar und wiegbar ist. Nur dadurch wird eine Arbeit zu einer exacten echt wissenschaftlichen erhoben, und ihr ein bleibender Werth ertheilt. Es kann dem Herrn Verf. bei seiner Uebung und seinem Eifer nicht schwer werden, diese Vollkommenheiten bei weiterer Untersuchung der hier erwähnten Pflanzenkörper zu erreichen, und dadurch, daß ich hier ihn auffordere sich bei ihnen dieses Ziel zu stecken, glaube ich ihm die Achtung zu bezeugen, welche seine mir anvertraute bedeutende Arbeit über das Opium mir eingeflößt hat.

Gilbert.]

Krystallgestalten des Morphiums und einiger Salze desselben,

als Verbesserung zu S. 66.

Eben als dieses in dem Correcturbogen vor mir lag, erhielt ich von Herrn Sertürner noch folgendes nachgetragen:

„Ich eile Ihnen zu melden, daß das Morphium, wenn es vorsichtig behandelt wird, ganz regelmäßig krystallisirt, und die Lichtstrahlen stark bricht. Beiliegende Zeichnung [auf Kupfertafel II.] wird die verschiedenen Formen recht anschaulich machen. Was ich in meinem Aufsatze von diesen Krystallgestalten [S. 66. unter 4.] gesagt habe, muß diesem gemäß folgendermaßen verbessert werden:

„Das *Morphium* krystallisirt in stark abgestumpften, einfachen und doppelt zusammengesetzten *Pyramiden*, deren Grundfläche bald ein gleichseitiges, bald ein längliches rechtwinkliges Viereck ist, oft auch in *Prismen* mit trapezförmiger Basis."

„Das Derosne'sche *Opiumsalz* aber, oder das *mekonsaure Morphium*, krystallisirt in Prismen mit rhomboidaler Grundfläche, welche sich büschelförmig, unter Winkeln von 50 bis 65° neigen, während das reine Morphium wagerecht anschießt."

Ich möchte nicht gern, daß in meinen Arbeiten eine, wenn auch nur kleine Unrichtigkeit, gefunden würde; überhaupt werden Sie künftig bemerken, daß, obgleich ich nicht oft Wage und Gewicht in der Hand hatte, meine Beobachtungen doch wahr und treu sind. Recht bald hoffe ich Ihnen noch viel Merkwürdiges zu übersenden.

Einbeck den 10. December 1816.

Sertürner.

ANNALEN
DER
PHYSIK,
NEUE FOLGE.

HERAUSGEGEBEN
VON
LUDWIG WILHELM GILBERT.

SIEBEN UND ZWANZIGSTER BAND.

LEIPZIG 1817

Ueber eins der fürchterlichsten Gifte der Pflanzenwelt, als ein Nachtrag zu seiner Abhandlung über die Mekonsäure und das Morphium; mit Bemerkungen, den aciden Extractivstoff des Opiums und seine Verbindungen betreffend;

von

Dr. F. W. Sertürner in Einbeck*).

1. **Von dem Opium im Allgemeinen und der Mekonsäure im Besonderen, ihren Eigenschaften, und einige Vergiftungen durch sie.**

Ich trete noch ein Mal auf, um in diesen Annalen einen Gegenstand zu verhandeln, der mit jedem Schritte vorwärts, an Interesse zunimmt, und unsere Kenntniß in so vieler Hinsicht erweitert, daß sich uns erst jetzt der Werth des Opiums als Arzneimittel in seinem

---

*) Ich erhielt diese Fortsetzung der im Januarhefte (B. 55. S. 56. f.) enthaltenen Untersuchungen des Herrn Verfassers über das Opium und die beiden merkwürdigen Körper, welche er in demselben aufgefunden hat, als schon an dem vorstehenden Aufsatz gesetzt wurde, und theile sie meinen Lesern sogleich mit, weil mir beide Arbeiten durch diese Zusammenstellung an Interesse zu gewinnen scheinen. Herrn Robiquet's kritische Erörterungen waren Herrn Dr. Sertürner, als er diesen Nachtrag abschickte, noch nicht bekannt; hierin würde ich eine reichliche Quelle zu Anmerkungen gefunden haben, hätte ich nicht geglaubt, mich jeder Bemerkung enthalten zu müssen, welche sich dem aufmerksamen Leser beider Aufsätze von selbst aufdrängt. *Gilb.*

ganzen Umfange zu enthüllen scheint. Das, was wir bisher darüber wußten, gilt blos für die verschiedenen Formen des mekonsauren Morphium, also für die Verbindung zweier Körper, welche im getrennten Zustande fast entgegengesetzte Kräfte besitzen. Das Morphium steigert nämlich die Lebensthätigkeit, und erregt in geringen Dosen ein angenehmes Gefühl und Schlaf; die Mekonsäure wirkt dagegen fast in jeder Menge als ein Gift, welches unstreitig zu den größesten Feinden des thierischen Lebens gehört. Zwar habe ich in meiner vorigen Abhandlung von der Unschädlichkeit der Mekonsäure geredet*), zufällig bemerkte ich aber, seitdem, daß sie zu den schrecklichsten Giften gehört. Durch das Auffinden dieses Irrtums gewinnt der hier behandelte Gegenstand mit einem Male für die Arzneiwissenschaft eine andere Gestalt und ein doppeltes Interesse, und die Berichtigung dieses Irrthums ist es, was ich besonders in gegenwärtigem Nachtrage beabsichtige, daher ich hiermit anfange.

Daß ich diese Säure früherhin für unschädlich hielt, kam daher, daß ich die Mekonsäure, welche ich einnahm, aus mekonsaurem Baryt, der auf einem warmen Ofen getrocknet worden, durch Schwefelsäure abgeschieden hatte, die Säure aber in diesem Salze schon bei mäßiger Hitze zerstört wird, wie ich in der Folge meiner Untersuchung fand. Ganz anders aber zeigte sich die Sache, als ich in der Folge zufällig mekonsaures Natron kostete. Ich wurde kurz darauf von einem Gefühl befallen, welches wohl den letzten Augenblicken eines Erhängten wenig nachgeben möchte. Da ich die Ursache in der Mekonsäure ahnete, nahm ich meine Zuflucht zu einigen Tropfen Salpetersäure, in der Absicht, diese Pflanzensäure zu zerstören, und nun kehrte mein Wohlbefinden bald wieder. Ich hatte schon mehrere Tage an Halsweh gelitten, der heftige Angriff meines Respirations-Organs durch diese Säure mochte also wohl eine Folge der großen Reitzbarkeit der Drüsen seyn; denn gesunde Personen klagten nach dem Genuß der mekonsauren Salze blos über erschwertes Athmen und Drücken in der Brust.

Ich ließ nun ein zartes Hündchen von 1 bis 2 Monaten 3 Gran mekonsaures Natron mit Milch verschlucken. Es stellte sich Erbrechen ein, und das sonst muntere Thier verlor bald darauf die Kraft seiner Füße so, daß es sich nicht auf sein etwas erhöhetes Ruhebett verfügen konnte. Besonders schienen die Hintertheile gelähmt zu seyn. Es athmete tiefer, lief ängstlich herum, stieß

---

*) Gilb. Annal. Januarheft S. 74.

unter schwachen Zuckungen heftige Klagetöne aus, und machte dann die Bewegung, als wolle es etwas verschlucken, wobei sich aus beiden Seiten der Schnauze eine wasserhelle Flüssigkeit in schnell aufeinander folgenden Tropfen ergoß. Hals und Brustorgane schienen nach diesem allen vorzüglich angegriffen zu werden. Nach einer starken Ausleerung verloren sich Mattigkeit und Angst, und der erwartete Tod folgte nicht. — Die ausgewürgte milchartige Flüssigkeit wurde ihm nachher mit Brodtkrumen von neuem beigebracht, worauf sich sein Zustand wieder verschlimmerte. Etwa $1/10$ Gr. von dem Salz, welches ich schmeckte, verursachte mir jenes oben berührte ängstliche Gefühl, obgleich in geringem Grade.

Einem andern 8 Wochen alten Mopshündchen wurde 1 Gran mekonsaurer Baryt beigebracht. Es lief ungewöhnlich schnell herum, und kratzte und sprang übermäßig. Nachdem es noch 1 Gran erhalten hatte, traten die obigen Erscheinungen ein, und bei einer Ausleerung gingen ein gewiß 4 bis 6 Ellen langer *Bandwurm* und mehrere kleine Würmer ab. — Auch bei Menschen wird Abgang der Würmer bewirkt, schon wenn $1/2$ Gran von diesen Salzen gegeben wird.

Nicht uninteressant würde es seyn, dieses Gift als Salz oder Säure Thieren einzuimpfen; denn die Wirkung, welche diese innerlich verursachen, haben viel Aehnlichkeit mit denen, welche nach Hersefield der Saft von *Anthiaris toxicaria* und *Strychnos tieute Lesch.* äußerlich verursacht*).

Man sieht hieraus, daß die Mekonsäure dem Morphium, welchem das Opium seine eigenthümlichen Heilkräfte verdankt, entgegen wirkt, und daß es dessen wohlthätige Kraft zum Theil vernichten muß. Das Morphium scheint daher auch ein Gegenmittel gegen Vergiftungen durch die Mekonsäure zu seyn, und umgekehrt. Welche Folgen dürfen wir uns daher nicht von dem Morphium und dem Opium versprechen, wenn dieses gefährliche Gift davon entfernt wird, und wie sehr haben wir nicht Ursache, uns zu be-

---

*) Ich habe dieses wirklich an dem erwähnten kleinen Mopshündchen an der inneren Seite der Hintertheile versucht. Die Wunde ist seit 3 Tagen beinahe vernarbt. Es befindet sich aber in einem siechen Zustande, welcher immer mehr zunimmt, und sein nahes Ende vermuthen läßt. Es magert ab, ist sehr schwach, kratzt und schreit zu Zeiten. Dieses Gift erinnert mich an die sogenannte problematische *aqua tophana*. Denn eine schwache völlig geschmacklose und farbenlose Auflösung dieses Giftsalzes habe ich bereits mehrere Tage dem zuvor erwähnten Hündchen löffelweise mit Milch gegeben; es magert danach ab, wird schwach und seine Kräfte sinken mit jedem Tage mehr dahin. Bei Menschen möchte ich es nicht versuchen. Gegen die Würmer scheint dieses Gift ein wahres Specificum zu seyn. *Sertürner.*

eilen, aus den Opium-Präparaten diese Säure zu verbannen. Es wäre, glaube ich, zu wünschen, daß alle Apotheken angehalten würden, durch vorsichtiges Zutröpfeln einer Auflösung von essigsaurem oder salzsaurem Baryt diese gefährliche Gesellschafterin des Morphiums aus dem Opium zu entfernen, weil das Opium dem Morphium seine Wirkung verdankt, und auf jeden Fall die Mekonsäure als nachtheilig darin betrachtet werden muß. Jeder Sachkenner wird mir zugeben, daß wir die Aerzte nicht genug auf diesen Gegenstand aufmerksam machen, und ihnen Prüfung empfehlen können. Aus eigner Erfahrung kann ich versichern, daß bei heftigem Zahnweh und Krämpfen, wo das Opium fast ohne Wirkung war, das salzsaure Morphium augenblickliche Hülfe leistete.

Doch nicht blos für die Arzneikunde, auch für die Chemie hat die Mekonsäure ein ausgezeichnetes Interesse, indem sie neben ihren höchst lebensgefährlichen Eigenschaften, so viele andere Eigenthümlichkeiten besitzt, daß sie unstreitig zu den merkwürdigsten Säuren gehört, und unsere Aufmerksamkeit in keinem geringern Grade als das Morphium verdient. Während sie mit den mineralischen Säuren an Mächtigkeit wetteifert, zeigt sie eine große Verschiedenheit von allen andern Säuren. Mit den leicht auflöslichen Salzbasen, welche wir dieser Auflöslichkeit wegen Alkalien zu nennen pflegen, giebt sie im Wasser schwer- und in Alkohol fast un-auflösliche Salze, welche, soweit ich sie kenne, eine körnige Form besitzen und Poliedra zu seyn scheinen. Die Neigung der Salzbasen zu ihr ist so groß, daß sie bei ihrer Verbindung mit dieser Säure ihre ganze Natur beinahe einbüßen und ihr aufopfern; daher herrscht diese Säure in ihren Salzen, und ertheilt ihnen ihre vorzüglichsten Eigenschaften, z. B. Schwerauflösbarkeit in Wasser etc. Aus denselben Gründen haben ihre Salze wenig oder gar kein Hydrat-Wasser, und besitzen ein staubiges Ansehen. — Die Mekonsäure hat endlich die ausgezeichnete und charakteristische Eigenschaft, die Eisenauflösungen zu röthen, und welch ein vortreffliches Reagens für das Eisen sie ist, zeigt die folgende Erfahrung. Ich löste einen Theil metallisches Eisen bei der Siedehitze in Salpeter-Salzsäure auf, mischte diese Auflösung zu 1 Million Theile destillirtem Wasser, das ich mit eisenfreier Salzsäure schwach gesäuert hatte, und bemerkte ein auffallendes Röthen, selbst dann, als ich noch ein gleiches Gewicht Wasser hinzufügte*).

---

*) Ich wendete hier mekonsaures Natron und Ammoniak an. *Sertürner.*

Auf folgende Weise läßt sich *mekonsaures Natron* auf dem kürzesten Wege rein darstellen. Man digerire mekonsauren Baryt mit einer hinreichenden Menge in wenig Wasser aufgelöstem schwefelsaurem Natron, und filtrire die Flüssigkeit heiß. Beim Erkalten scheidet sich das schwer auflösliche Salz ab, in kleinen kaum sichtbaren Körnern gruppirt. Man befreie diese mittelst Pressen zwischen feinem Leinen von der Flüssigkeit, löse sie in wenig Wasser auf, erhitze die Auflösung, und lasse sie krystallisiren, so erhält man nach dem Abwaschen und äußerst vorsichtigem Trocknen ein blendend weißes Salz [*]. Wir verdanken diese Darstellungsart der mekonsauren Salze Herrn Lange, den ich schon in meiner vorigen Abhandlung (Januarh. S. 67.) rühmlich erwähnt habe. Brieflich und daher nur flüchtig hingeworfen, hat er mir noch die folgenden Bemerkungen mitgetheilt, die ich durch Anmerkungen ergänze, wünschend, daß Herr Lange uns recht bald etwas Ausführlicheres hierüber bekannt mache [**].

Das (basische) mekonsaure Morphium läßt sich, ihm zu Folge, direkt durchs Verfaulen des Opiums darstellen, und auch das so schwer zerlegbare extractivsaure Morphium auf diesem Wege zerlegen, und das Morphium gewinnen. Diese schwer auflösliche Säure krystallisirt in glimmerartigen Blättern aus ihren wässerigen Auflösungen; aus der der Wärmestoff-Auflösung (Thermat) krystallisirt sie dagegen in langen Nadeln.

Herr Lange benachrichtigt mich ferner in seinem letzten Schreiben, daß er meine Beobachtungen [***] bestätigt finde, daß in trockenen und sogar in frischen eben erst abgeschnittenen Theilen der Mohnpflanzen, weder Morphium noch Mekonsäure aufzufinden sey; diese müssen also das erstere als extractivsaures Morphium

---

[*] Man kann auch den mekonsauren Baryt durch Schwefelsäure zerlegen, und die erhaltene Flüssigkeit mit Ammoniak, Natron etc. sättigen, worauf man wie oben verfahre. Diese Salze lassen sich auch durch gelinde Digestion mit Alkohol vom extractivsauren Natron, Ammoniak etc. befreien. Ist man im Besitz eines reinen farbenlosen auflöslichen mekonsauren Salzes, so läßt sich leicht durch Zersetzung mit essigsaurem Blei oder Baryt das unauflösliche mekonsaure Blei oder der schwerauflösliche mekonsaure Baryt gewinnen und daraus die Säure darstellen. Das rohe Baryt-Salz bereitet man am vortheilhaftesten aus einer geistigen Opiumtinktur, welche alsdann ein vorzüglicheres Arzneimittel ist, als die gewöhnliche, denn sie enthält statt der höchst gefährlichen Mekonsäure die unschädliche Essigsäure. *Sertürner.*

[**] Nach ihm soll auch das Goldoxyd eine größere Neigung als das Eisen zu der Mekonsäure besitzen, und dieses Salz zersetzen; das mekonsaure Gold ist intensiv blau.
Sertürner.

[***] In diesen Ann. Januarh. S. 84. f.

enthalten. Dagegen strotzt, nach ihm, die Milch dieser Pflanzen von diesen Körpern, und daraus leitet er die sonderbare Erscheinung der großen Reitzbarkeit der Milchgefäße des Mohns ab, welche augenblicklich beim Verwunden ihren Milchsaft ausstoßen. Auch sollen, nach ihm, die übrigen Mohnarten, *Papaver argemone*, *dubium* etc. diese Substanzen enthalten.

Herr Lange hat Hühnern und Katzen 2 Gran Mekonsäure ohne Erfolg gegeben. Dieses stimmt damit überein, daß diese Thiere große Mengen Opium vertragen können; ich erinnere mich aus meinen früheren Jahren, daß ich aus Muthwillen einem Huhne 10 Gran Opium beigebracht habe, aber ohne Erfolg.

Durch diese schätzbaren Beobachtungen werden die Widersprüche über den Gehalt der hier wachsenden Mohnpflanzen an Mekonsäure und Morphium gehoben, und es gewinnt meine Vermuthung große Wahrscheinlichkeit, daß die so äußerst sanft beruhigende Eigenschaft unserer trockenen Mohnköpfe vom Extractivstoff-Morphium herrührt. Denn während Kindern von zartem Alter das Opium nicht zuträglich ist, wiegt eine Abkochung der Mohnkapsel sie in einen folgenlosen sanften Schlaf, indem in dieser Abkochung von der gefährlichen Mekonsäure keine Spur vorhanden ist. Die Aerzte können auf diesen Gegenstand nicht aufmerksam genug gemacht werden.

2. Von dem Morphium-Oxyde, seiner Reduction, Alkalität und Benennung; und Bereitungsart von Morphiumsalzen.

In meiner vorigen Abhandlung nenne ich das Morphium oft Morphium-Oxyd, ohne mich jedoch darüber zu erklären; wie ich dort überhaupt jede entfernte Rechtfertigung unterließ. Läßt sich gleich auf dem Wege der Erfahrung der Sauerstoff-Gehalt in dem Morphium, abgesehen von seinem Wassergehalt, nicht darthun, und habe ich gleich vergebens versucht, das Radikal desselben frei darzustellen, so scheint mir doch aus der Elementarlehre und ihren Gesetzen hervorzugehen, daß dieser Körper eben so ein Oxyd eines Radikals sey, wie das die übrigen Salzbasen sind. Dieses Radikal nun nenne ich *Morphium*, den salzfähigen Körper des Opiums aber *Morphium-Oxyd*. Und hierin liegt auch der Grund, warum ich den Namen Morphium mit dem von Herrn Gay-Lussac vorgeschlagenen *Morphine* zu vertauschen, Anstand nehme. Ich folgte hierbey, wie gesagt, der Analogie. Den salzfähigen Basen reihte ich den salzfähigen Körper in dem Opium wegen seiner großen Neigung zu den Säuren an, und unter die Alkalien stellte ich ihn, weil er sich in Wasser auflöst, (denn dieses ist die einzige Ursach, daß die Alkalien die Pigmente verändern; die unauflöslichen mächtigen Salzbasen würden dieses auch thun, wenn sie auflöslich wären). Das Ammonium, Aluminium und Osmium stehen dem Morphium als ihm verwandte Körper zunächst, und so auch in Hinsicht der Bezeichnung.

Vielleicht gelingt es den mit größern Apparaten versehenen Beobachtern, das Morphium-Oxyd zu entsauerstoffen (denn wir dürfen dieses eben so erwarten, wie von andern Salzbasen), das heißt, so, daß sein Radikal nicht zersetzt wird, und mit dem Sauerstoff anderweitige Verbindungen eingeht, wie es zum Beispiel beim Ammonium der Fall ist. Einige Erscheinungen lassen mich auf eine Reduktion schließen, doch wage ich es nicht, diese als begründet aufzustellen.

Ich habe in meiner vorigen Abhandlung über das Morphium, in dem Nachtrage (Januarheft S. 85 f.) bemerkt, daß das rohe Morphium, so lange es noch von der minder mächtigen Säure des Opiums (Extractivstoff) etwas enthält, bei seiner Präcipitation durch Alkalien etwas von diesen mit sich vereinige, und suchte hierin den Grund, welcher Herrn Derosne getäuscht, und ihn verhindert hat, das Morphium und die Mekonsäure, denen er so nahe war, aufzufinden; indem, was er für den eigentlichen Hauptbestandtheil des Opiums hielt, bald Morphium, bald mekonsaures Morphium, bald Verbindung aus Morphium, Mekonsäure, Extractivstoff, und den Fällungsmitteln (Kali, Ammoniak) war. Es würde Herrn Derosne, dem es nicht an Umsicht und Erfahrung fehlt, gewiß gelungen seyn, diesen verwickelten Gegenstand völlig aufzuklären, wenn jener acide Extractivstoff nicht im Spiele gewesen wäre*). Obgleich ich den Charakter des Extractivstoffs kannte, bin doch auch ich von ihm irre geleitet worden, indem ich zu finden glaubte, daß das rohe Morphium, wenn es lange an der Luft liegt, sein Volum und Gewicht vermehre, im Wasser auflöslicher werde und mit Säuren brause, und daß das mit Kohlensäure gesättigte Kali das Morphium als ein sehr auflösliches Salz präcipitire. An rasches Experimentiren gewöhnt, hatte ich mir oft nicht die Zeit genommen, das Morphium völlig zu reinigen, weil mir noch keine kurze Methode

---

*) Die mindermächtigen Säuren verdienen, wie man hieraus sieht, unsere ganze Aufmerksamkeit. Eine Arbeit über sie werde ich nächstens in dem Journal für Chemie und Physik mittheilen. *Sertürner.*

bekannt war, und folgerte dieses aus den angeführten Erscheinungen und aus der abweichenden Form, in welcher einige Krystalle niederfielen. Allein Herr Lange, welcher meine Versuche mit ganz reinem Morphium wiederholte, fand, daß das kohlensaure Kali, und eben so das halbkohlensaure, reines Morphium abscheidet; das Morphium fällt hierbei in Prismen nieder, welche ich in meiner ersten Abhandlung (Januarheft S. 65.) fälschlich für kohlensaures Morphium ausgegeben habe. Auch hierdurch tritt das Morphium in die Reihe der Salzbasen, denn es besitzt eben so wie das Aluminium, Strontium .etc. zu wenig Mächtigkeit, um das Thermat (Gas) der Kohlensäure zu zerlegen, weil die Wärme eine größere Neigung zu dieser Säure als diese schwachen Salzbasen hat. Man würde kohlensaure Verbindungen dieser Art darstellen können, wenn man die Wärme auszuschließen vermöchte, welches aber, da man hier des Wassers als Hülfsmittel bedarf, wohl schwerlich möglich seyn wird*).

Auch hier schalte ich noch einige Erfahrungen des Herrn Lange ein, welche uns eine leichte Methode zeigen, Morphiumsalze rein darzustellen.

Das rohe Morphium, welches man durch Aetz-Ammoniak aus der mit Zusatz von Essig oder Salzsäure bereiteten Opium-Auflösung niedergeschlagen hat, übergieße und erhitze man, mit etwas nicht zu sehr verdünnter Salzsäure, so daß die Säure etwas hervorsteche, und filtrire die Flüssigkeit heiß. Sie krystallisirt (gerinnt) beim Erkalten zu einer weißen federartigen Masse. Von dieser läßt sich die Flüssigkeit durch Ausdrücken zwischen feinem Linnen trennen, und ein nochmaliges Auflösen in wenig Wasser und eine ähnliche Behandlung giebt dann das *salzsaure Morphium* in blendender Weiße. Dieses läßt sich auch aus Opium und Salzsäure darstellen, welches jeden Zweifel gegen die basisch-alkalische Natur des Morphiums entfernen muß. Das oben erwähnte Verfahren mittelst der Fäulniß würde gleichfalls ein gutes Mittel abgeben, das Morphium und die Mekonsäure frei von dem Extractivstoff darzustellen, denn dieser ist wegen seiner aciden Eigenschaft ein großes Hindernis bei diesen Versuchen.

---

*) Diese Erscheinung erläutert die bekannte, aber noch nicht erklärte Eigenschaft, daß das Lackmuspapier nicht in dem Säure-Thermate und Hydrat-Thermate, wohl aber in dem Hydrate (Januarheft S. 87. Anm.) geröthet wird, welches darauf beruht, daß die Wärme der mindermächtigen Lackmussäure, zu der sie keine Neigung hat, kein Aequivalent darbietet, und folglich unter diesen Verhältnissen keine Zersetzung denkbar ist.

Sertürner.

Das Angeführte wird hinreichen, für das Morphium und die Mekonsäure, das Interesse noch zu vermehren, welches es schon in der gelehrten Welt durch die Theilnahme gefunden hat, die zwei unserer berühmtesten Physiker, Gay-Lussac und Gilbert, ihnen geschenkt haben. Unsere Ansicht dieser merkwürdigen Körper findet sich durch dasselbe geläutert, und besonders erlangt dadurch das Morphium als Arzneimittel einen neuen Werth, da es bisher nur in Gesellschaft der demselben entgegengesetzten, dem thierischen Leben so schädlichen Mekonsäure angewandt wurde. Daß das Morphium als ein basisches Prinzip, und noch dazu aus der Pflanzenwelt, als ein sehr heftiges Gift auftritt, ist ein Umstand, auf den ich indeß noch aufmerksam machen will. Fast alles übrige Wirksame dieser Art aus dem Pflanzenreiche, trägt die acide Natur; denn fast alles, was wir aus demselben als Arzneimittel anwenden, trägt den Charakter der minder mächtigen Säuren, wie z. B. die Canthariden, das Bilsenkraut und andere. Denn es ist das charakteristische in der Pflanzenwelt, daß alle ihre Productionen acide sind, und daß im Gegentheil in dem animalischen Reiche fast alles basisch ist, d. h. der Gegensatz des aciden hier vorwaltet.

3. **Von dem aciden Extractivstoff des Opiums und seinem Einfluße bei der Analyse dieser Substanz.**

Zum Beschluß dieses Nachtrags will ich noch weniges hinzufügen, das mit dem Vorigen in einiger Beziehung steht. Besonders muß ich darauf aufmerksam machen, daß man bei Wiederholungen meiner Versuche auf die braune minder mächtige Opiumsäure, oder den aciden Extractivstoff, mehr Rücksicht, als es geschehen ist, zu nehmen und überhaupt den Gegenstand im Allgemeinen aufzufassen habe; denn die minder mächtigen Säuren spielen eine große Rolle bei der Untersuchung vegetabilischer Substanzen, weil sie da als mächtiges Hinderniß auftreten, indem sie als verbindendes Zwischenglied der Bestandtheile, welche getrennt werden sollen, erscheinen. Nicht allein Derosne und ich, sondern auch Neuere, haben sich dadurch täuschen lassen! So erwähnt Herr Choulant, welcher meine Versuche wiederholte, in dem Auguststück der Annalen S. 342, eines kohlensauren Morphiums. Nur das rohe Morphium ist, wie schon erwähnt worden, fähig, Kohlensäure zu binden, weil dieses etwas von der mächtigen Basis enthält, welche bei seiner Fällung angewendet wird. Diese Basis zieht die Kohlensäure so an, wie die mächtige Basis mittelst des Extractivstoffes angezogen und an das Morphium gebunden wird. In einen zweiten Fehler ist Herr Choulant dadurch verfallen, daß er statt des salzsauren Baryts, das essigsaure Blei vorschlägt, indem dieses fast alle Bestandtheile des Opiums fällt, woran wieder der acide Extractivstoff schuld ist. Selbst dem mekonsauren Baryt schließt sich Extractivstoff und durch ihn etwas Morphium an. Auch die Bildung der mekonsauren Salze wird Herr Choulant bei ruhigerer Beobachtung anders finden; ebenfalls das Zahl-Verhältniß der Bestandtheile seiner untersuchten Salze, und ihre Auflösbarkeit im Wasser, denn die mekonsauren Salze sind fast alle schwer auflöslich besonders in kaltem Wasser, und so auch die Morphiumsalze, jedoch mit mehr Ausnahme. Indeß verdient seine Arbeit doch den Dank der Chemiker, wenn sie auch gleich etwas zu rasch ausgeführt ist. Sie bestätigt manches und zeigt, wie sehr man Ursache hat, sich in die Natur des Gegenstandes hinein zu denken, ehe man ans Werk schreitet.

Gleich anfänglich entging dieses auch dem würdigen Verfasser dieser Annalen nicht, dem Deutschland so vielen Dank um die Erhebung und Verbreitung der höhern Naturwissenschaften schuldig ist; er bezeugte dieses dadurch, daß er den Gesichtspunkt in weiterer Beziehung auf die Wissenschaft auffaßte. Die in dem Januarhefte meiner Abhandlung beigefügten Bemerkungen stützen sich auf den bisherigen Zustand der Wissenschaft, und von dieser Seite wird jeder Ihm beistimmen. Meine Ansichten, z. B. über minder mächtige Säuren, Acidität und Alkalität im Allgemeinen etc., stützen sich aber auf neue Erfahrungen, welche damals Herrn Gilbert nicht bekannt waren. So schätzenswert das ist, was uns die Herren Chevreuil und Thenard mitgetheilt haben, und so weit ich entfernt bin, fremdes Verdienst zu schmälern, so muß ich doch bemerken, daß jene Chemiker ihre Ansichten über manches anders gefaßt haben würden, wenn ihnen der höhere und frühere Stand der Wissenschaften in Deutschland in diesem Theile bekannt gewesen wäre.

Sie würden gewiß ihren Gegenstand richtiger und allgemeiner aufgefaßt und sich überzeugt haben, daß fast alle Thier- und Pflanzenstoffe, selbst die aciden nicht ausgenommen, unter den erfüllten Bedingungen mit den mächtigen Säuren Verbindungen knüpfen, welche den Charakter einer mächtigen, oder wenigstens den einer minder mächtigen Säure tragen. Ich habe sie nie neutral gefunden, denn es ist dieses einer der vorzüglichsten Unterschiede und Auszeichnungen dieser Verbindungen von den Salzen, daß sie nicht allein stets Acidität besitzen, sondern daß die mehrsten in eine Art wirklicher Säuren übergehen, indem sich das neue Gebilde beim Zusammentreffen mit mächtigen Salzbasen nicht theilt, sondern als solches, als merkliche Säure, mit ihnen sich vereinigt. — Dessen ungeachtet gibt es außer diesen Kunstprodukten eine große Reihe von Körpern (Farbestoff-, Gerbestoff- und Extractivstoff-Arten), bei deren Erzeugung die Natur sich wahrscheinlich nicht dieser Hülfsmittel bediente. Diese dürfen nicht mit den Körpern verwechselt werden, welche aus der Vereinigung jener Substanzen entspringen; zudem bemerken wir noch gegenwärtig, daß selbst diese Verbindungen häufig vorgefunden und verkannt werden, welche man bald für diese, bald für jene Säure hält. Ich rede hier von den Säuren, welche aus der Verbindung der mächtigen Säuren mit den organischen Substanzen (als Pflanzensäure, Gummi, Zucker etc.) hervorgehen. Auch mit Pflanzensäuren behandelt, geben einige dieser (indifferenten) Körper Verbindungen, welche ungefähr so wie die minder mächtigen Säuren den aciden Charakter besitzen. Zucker und Pflanzensäure liefern z. B. eine dem Honig ähnliche Verbindung, welche von basisch-auflöslichem essigsauren Blei gefällt wird. Es öffnet sich hier der Erfahrung ein noch wenig bekanntes fast unermeßliches Feld*).

---

*) Was der Herausgeber dieser Annalen eben daselbst über den Sinn sagt, der in Deutschland in den Wissenschaften häufig herrscht, ist nur zu wahr, und ich vergebe ihm gern die Beziehung auf mich, weil ich von denselben Gefühlen nur zu lebhaft durchdrungen bin. Es ist eine, leider noch zu häufige Krankheit bei uns, daß wir unsere Blicke mehr nach dem gallischen und brittischen, als nach dem germanischen Boden richten, und gegen den Werth des auf letzterem entsprossenen, die Augen verschließen. Zwar hat das Ausland allerdings uns, besonders in den physikalisch-chemischen Wissenschaften, einen Vorsprung abgewonnen, aber gewiß nicht durch eine überlegenere Geisteskultur, sondern durch den mächtigen Hebel, wodurch die menschlichen Kräfte gehoben werden müssen, welchen uns langjährige Kriege leider gelähmt haben. Der Fehler ruht also nicht sowohl auf den Gelehrten, sondern vorzüglich da, wo es nicht in unsern Mitteln steht, ihnen abzuhelfen. Wir dürfen hoffen, daß es anders werden wird, wenn jene Unfälle zum Theil verschmerzt sind. Wäre der Blick auf höhere Verdienste um die Künste und Wissenschaften (wo doch auch, und wahrhaft um das Glück des Vaterlandes gekämpft wird), nur zum Theil so gerichtet, wie auf das sogenannte Feld der Ehre, so dürfte es bald anders werden. Dazu gesellt sich denn noch das Anstaunen und gierige Haschen der Deutschen nach den ausländischen Producten. Lobenswerth ist es freilich, indem sie achten, was Achtung verdient, aber sie gehen weiter, sie würdigen sich so tief herab, daß sie nicht allein bei gleichem Werth das in unsern Wissenschaften aus dem Auslande kommende dem Vaterländischen vorziehen, sondern dieses letztere oft ganz oder größtentheils unbeachtet lassen, weil es nicht von einem fremden Boden stammt, ja es mit Fleiß verschweigen und ignoriren. Können wir das Ausland tadeln, wenn es einer Nation, die sich selbst so wenig zu achten scheint, auch

die gebührende Achtung nicht ganz schenkt. Daher können unsere Arbeiten selten nur die imposante Größe derer des Auslandes erreichen, denn bei so vielen Hindernissen vermag der Genius der Wissenschaften es nicht, sich bis zu derselben Höhe als dort emporzuschwingen. *Sertürner.*

[Daß so manche öffentliche Blätter, welche das deutsche Publikum von dem, was in den Naturwissenschaften geschieht, nach Berichten des Auslands unterhalten, von dem was in Deutschland vorgeht gänzlich schweigen, oder was noch schlimmer ist, davon nicht selten auf eine Art reden, bei der Kenner über wirkliche oder absichtliche Unwissenheit lächeln müssen, und daß dieses sogar Männer thun, welche es übernommen haben, auswärtige Gelehrte mit wissenschaftlichen Berichten aus Deutschland zu versehen, — ist zwar eine ziemlich natürliche Folge des getheilten Wesens in unserm Vaterlande, und der Selbstsucht, die sich gern unter dem Mantel des Deutschthums und des Patriotismus verbirgt, kann aber nicht dazu beitragen, in dem Auslande, wo man fast nur solche Nachrichten und öffentliche Blätter benutzt, eine vortheilhafte Idee von dem Zustande der Naturwissenschaften in Deutschland zu erregen. *Gilbert.*]

Ebenfalls im SEVERUS Verlag erhältlich:

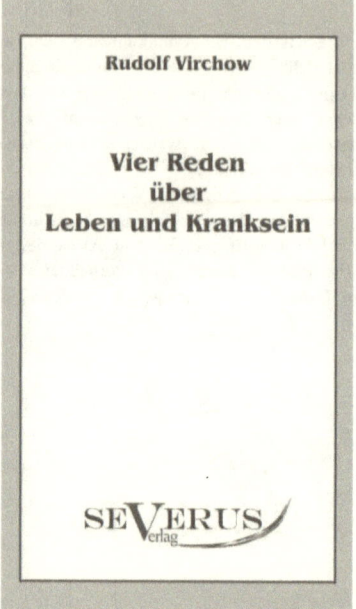

Rudolf Virchow
Vier Reden über Leben und Kranksein
SEVERUS 2010 / 268 S. / 19,50 Euro
ISBN 978-3-942382-63-2

Rudolf Virchow (1821 – 1902), Mediziner und Anthropologe, war Inhaber des ersten Lehrstuhls für pathologische Anatomie in Deutschland und viele Jahre Leiter des pathologischen Instituts der Berliner Charité.
Zeit seines Lebens setzte er sich stark für die Herausbildung einer allgemeinen gesundheitlichen Grundversorgung und die öffentlichen Hygienebedingungen ein. Dieses Engagements führte schließlich zur Errichtung von Berlins erster moderner Kanalisation.

Das vorliegende Werk präsentiert vier Vorträge Virchows, die allesamt auf der Entstehung einer einzelnen Zelle aufbauen und komplexe biologische Prozesse wie die Atmung und den Blutkreislauf detailliert und verständlich darstellen. Seine berühmte Lehre der Zellularpathologie wird eindrucksvoll an dem Beispiel von Fiebererkrankungen demonstriert: Der Leser erhält einen Einblick darin, wodurch Fieber entsteht und wie dieser Erscheinung im Altertum mit Hilfe verschiedener Gottesvorstellungen und Heilungsmethoden begegnet wurde.

Bisher im SEVERUS Verlag erschienen:

Achelis, Th. Die Entwicklung der Ehe * **Andreas-Salomé, Lou** Rainer Maria Rilke * **Arenz, Karl** Die Entdeckungsreisen in Nord- und Mittelafrika von Richardson, Overweg, Barth und Vogel * **Aretz, Gertrude (Hrsg)** Napoleon I - Briefe an Frauen * **Ashburn, P.M** The ranks of death. A Medical History of the Conquest of America * **Avenarius, Richard** Kritik der reinen Erfahrung * **Bernstorff, Graf Johann Heinrich** Erinnerungen und Briefe * **Binder, Julius** Grundlegung zur Rechtsphilosophie. Mit einem Extratext zur Rechtsphilosophie Hegels * **Bliedner, Arno** Schiller. Eine pädagogische Studie * **Braun, Lily** Lebenssucher * **Braun, Ferdinand** Drahtlose Telegraphie durch Wasser und Luft * **Burkamp, Wilhelm** Wirklichkeit und Sinn. Die objektive Gewordenheit des Sinns in der sinnfreien Wirklichkeit * **Caemmerer, Rudolf Karl Fritz Die** Entwicklung der strategischen Wissenschaft im 19. Jahrhundert * **Cronau, Rudolf** Drei Jahrhunderte deutschen Lebens in Amerika. Eine Geschichte der Deutschen in den Vereinigten Staaten * **Cushing, Harvey** The life of Sir William Osler, Volume 1 * The life of Sir William Osler, Volume 2 * **Eckstein, Friedrich** Alte, unnennbare Tage. Erinnerungen aus siebzig Lehr- und Wanderjahren * **Eiselsberg, Anton Freiherr von** Lebensweg eines Chirurgen. * **Elsenhans, Theodor** Fries und Kant. Ein Beitrag zur Geschichte und zur systematischen Grundlegung der Erkenntnistheorie. * **Ferenczi, Sandor** Hysterie und Pathoneurosen * **Fourier, Jean Baptiste Joseph Baron** Die Auflösung der bestimmten Gleichungen * **Frimmel, Theodor von** Beethoven Studien I. Beethovens äußere Erscheinung * Beethoven Studien II. Bausteine zu einer Lebensgeschichte des Meisters * **Fülleborn, Friedrich** Über eine medizinische Studienreise nach Panama, Westindien und den Vereinigten Staaten * **Goldstein, Eugen** Canalstrahlen * **Heller, August** Geschichte der Physik von Aristoteles bis auf die neueste Zeit. Bd. 1: Von Aristoteles bis Galilei * **Helmholtz, Hermann von** Reden und Vorträge, Bd. 1 * Reden und Vorträge, Bd. 2 * **Kalkoff, Paul** Ulrich von Hutten und die Reformation. Eine kritische Geschichte seiner wichtigsten Lebenszeit und der Entscheidungsjahre der Reformation (1517 - 1523), Reihe RelogioSus Band I * **Kerschensteiner, Georg** Theorie der Bildung * **Külz, Ludwig** Tropenarzt im afrikanischen Busch * **Leimbach, Karl Alexander** Untersuchungen über die verschiedenen Moralsysteme * **Liliencron, Rochus von/Müllenhoff, Karl** Zur Runenlehre. Zwei Abhandlungen * **Mach, Ernst** Die Principien der Wärmelehre * **Mausbach, Joseph** Die Ethik des heiligen Augustinus. Erster Band: Die sittliche Ordnung und ihre Grundlagen * **Müller, Conrad** Alexander von Humboldt und das Preußische Königshaus. Briefe aus den Jahren 1835-1857 * **Oettingen, Arthur von** Die Schule der Physik * **Peters, Carl** Die deutsche Emin-Pascha-Expedition * **Poetter, Friedrich Christoph** Logik * **Popken, Minna** Im Kampf um die Welt des Lichts. Lebenserinnerungen und Bekenntnisse einer Ärztin * **Rank, Otto** Psychoanalytische Beiträge zur Mythenforschung. Gesammelte Studien aus den Jahren 1912 bis 1914. * **Rubinstein, Susanna** Ein individualistischer Pessimist: Beitrag zur Würdigung Philipp Mainländers * Eine Trias von Willensmetaphysikern: Populär-philosophische Essays * **Scheidemann, Philipp** Memoiren eines Sozialdemokraten, Erster Band * Memoiren eines Sozialdemokraten, Zweiter Band * **Schweitzer, Christoph** Reise nach Java und Ceylon (1675-1682). Reisebeschreibungen von deutschen Beamten und Kriegsleuten im Dienst der niederländischen West- und Ostindischen Kompagnien 1602 - 1797. * **Stein, Heinrich von** Giordano Bruno. Gedanken über seine Lehre und sein Leben * **Thiersch, Hermann** Ludwig I von Bayern und die Georgia Augusta * **Tyndall, John** Die Wärme betrachtet als eine Art der Bewegung, Bd. 1 * Die Wärme betrachtet als eine Art der Bewegung, Bd. 2 * **Virchow, Rudolf** Vier Reden über Leben und Kranksein * **Wernher, Adolf** Die Bestattung der Toten in Bezug auf Hygiene, geschichtliche Entwicklung und gesetzliche Bestimmungen * **Weygandt, Wilhelm** Abnorme Charaktere in der dramatischen Literatur. Shakespeare - Goethe - Ibsen - Gerhart Hauptmann * **Wlassak, Moriz** Zum römischen Provinzialprozeß

www.severus-verlag.de

www.ingramcontent.com/pod-product-compliance
Lightning Source LLC
Chambersburg PA
CBHW021715230426
43668CB00008B/842